小学館文庫

豊田章男が愛した
テストドライバー

稲泉 連

小学館

豊田章男が愛したテストドライバー／目次

第一章　運転の師　5
第二章　幻の第七技術部　55
第三章　聖地ニュルブルクリンクへ　131
第四章　社長育成　211

第五章　幸福な時間　231
第六章　弔辞　271
単行本あとがき　308
文庫版あとがき　314
解説　重松 清　320

カバーデザイン　鈴木成一デザイン室

これは世界最大の自動車メーカーの
開発の現場に立ち続けたテストドライバーと、
その後ろ姿を追い、今は社長の座に就いた男が、
長年にわたって築き上げた師弟の物語である。

第一章

運転の師

1

乾いた風に白樺の葉が揺れている。

粉を吹いたように白っぽい舗装路、その脇に連なる木々のあいだに見える沼の水面が、淡い空の色と雲の形を映し出している。

道は沼に沿って緩やかに曲がり、なだらかな登り坂へと変わっていく。いくつもの丘を越えた先には、「ノルドシュライフェ（Nordschleife）」と呼ばれるニュルブルクリンク・北コースを覆う広大な森が、どこまでも続いて見えるはずだった。

少し前までざわついていた人の声が消えた。すると、辺りに聞こえるのはときおり吹く風に木々がざわめく音と、鳥の鳴き声ばかりになる。

牧草地に群れる牛が道路の方にまでやってきて、カウベルの音がからん、からんと静けさに満ちた丘に小さく鳴り響く。

周囲に麦畑ばかりが広がる道沿いの小さなスペースに、二本の桜の若木が植えられている。

一本は日本の枝垂れ桜で、もう一本はドイツの桜だ――。

トヨタ自動車の社長である豊田章男《とよだあきお》と彼のレーシングチームのスタッフがこの二本の桜の前に集まったのは、二〇一一年六月二十三日の日中のことだった。

二日後の十六時に本戦がスタートする二四時間耐久レースに参加する彼らは、前年と同様に二台のレクサスLFAをドイツ西部のサーキット・ニュルブルクリンクに持ち込んでいた。

しかし彼らにとって今年のレースがいつもと異なるのは、これまでチームの中心で指揮をとり、LFAの開発ドライバーを担ったマスターテストドライバー・成瀬弘《なるせひろむ》が不在であることだった。

チーム監督を務めてきた成瀬弘は前年のちょうど同じ日、ノルドシュライフェの入口から三キロメートルほど離れたこの公道でLFAを運転中、やはりテスト走行中だったBMWと衝突してこの世を去っていた。事故にはいくつか不明な点がいまも残されたままだが、詳細は公式には伝えられていない。

赤いレーシングシューズを履いた豊田は、成瀬の妻・保江《やすえ》とともに道沿いの事故現場に花を手向けると、膝をついてしばらく手を合わせた。そして夕方にレース予選を控える数十人のスタッフの前で彼の死を悼み、涙を見せた。

「私自身、現実を認めたくなかった」

と、彼は言った。

「お葬式が終わったとき、成瀬さんの仲間と一緒に話をしました。泣きたいときは泣け。そして涙が涸れたとき、また集まって来よう、と。そしていま、成瀬さんが育てた仲間とともに再びここに立ち、これだけのメンバーでやっている姿を成瀬さんに見て貰えたことを嬉しく思います……」

チームのレーシングドライバーとクルマの整備を担当するメカニック、そして彼らをサポートするベテランのテストドライバーたちは、声を詰まらせながら話し続ける豊田の姿を、ただただ黙って見つめていた。二人の関係を知る者たちにとって、豊田がこの一年のあいだに抱いてきただろう喪失感は想像するまでもなかったからだ。

私が豊田章男という男と初めて話したのは、この二四時間レースのピットだった。

彼の率いるレーシングチームの名は「GAZOO《ガズー》 Racing《レーシング》」という。二〇〇七年に副社長だった豊田が、成瀬弘とともに立ち上げたプロジェクトだ。いまでこそトヨタのモータースポーツの取り組みを担う一部門として、テレビCMなどでもその名前が登場するが、この時点では少人数のレーシングチームに過ぎなかった。

赤と黒のラインが入ったLFA二台の収められたピットは、イギリスのスポーツカー・メーカーであるアストン・マーティンチームと共有されていた。

後者の面々はレース馴れした手練れのメカニックたちであることが一目で分かる。それに対して、社内の人材教育を兼ねるトヨタのスタッフは一様に若い。

多くの人が往来するピット内で、彼らは他のチームの邪魔にならないように心掛けながら、LFAの整備を一つひとつ確実に行なおうとしているように見えた。

ニュルブルクリンクでのレースを担当する彼らは、社内で「Nチーム」と呼ばれている。いわば玄人と半分素人のメカニックが入り混じったその場所に、豊田章男は黒いスタッフジャンパーとキャップを身に着けて入ってきた。そして、まだどこかぎこちないメカニックの肩を叩き、元気づけるように話しかけては気さくな笑みを浮かべた。

エアコンプレッサーの音やピットレーンに響き渡る警告音、ホームストレートを走り抜けていくクルマの甲高い排気音。

様々な騒音が絶え間なく鳴り続けるなか、豊田は私に聞こえるように大声を張り上げて言うのだった。

「やっぱり現場には親分がいないとダメなんだ」

肉食の鳥のような黒いメルセデス・ベンツSLSが、地響きを立ててピットロードを走っていく。オイルとガソリンと排気ガスの匂いが周囲に立ち込める。

「僕はね、レースでもこういうピットにいるのが好きなんです。うちの会社がF1をやっていたとき、ワインを飲みながらガラス張りのラウンジで海外の客を接待している僕を見たら、きっと成瀬さんは嫌だったと思うよ。だからさ、大企業ではなく、中小企業の親父でいないといけない。こうやってメカニックとかと一緒にさ」

豊田章男が成瀬弘に出会ったのは約十五年前のことだ。

当時、アメリカ現地法人の副社長だった豊田は、日本に戻った際に豊田市の本社ビルで成瀬に初めて会った。

彼にとってそのときの成瀬の言葉は意外なものであったと同時に、後に社長として世界最大規模の自動車メーカーの方針を決定していく自身の原点となるものだった。

「運転のことも分からない人に、クルマのことをあだこうだと言われたくない」

成瀬はぴしゃりとそう言ったのだ。

「不思議と嫌な気はしなかったんだ」

豊田は話す。

当時五十代の後半で、白髪を分けた成瀬は、専門学校を卒業後にトヨタ自動車に入社した叩き上げのテストドライバーだった。

テストドライバーとはアクセル、ブレーキ、ハンドリングといった様々な評価基準をもとに、走行テストを繰り返してクルマの開発に反映させる技術者のことである。近年の自動車開発ではあらゆる性能がコンピュータによって数値化されるが、「乗り心地」や「走りの気持ち良さ」には人にしか表現できない聖域がある。

成瀬は日本におけるレースの黎明期を二十代のメカニック、つまりはレースカーの組み立てや修理・調整などを担う整備士として過ごした後、セリカやMR2、スープラといったトヨタの歴代スポーツカーの開発にテストドライバーとして携わってきた。社内の評価ドライバー育成制度は彼を頂点に作られ、同社におけるクルマの「運動性能」を評価するエキスパートとして知る人ぞ知る存在だった。

日本だけでも七万人の社員を擁するトヨタという大企業のなかで、ある独特の地位を得てきた成瀬の目に、アメリカ帰りでゴルフが趣味だという創業者の孫・豊田章男はどのような人物に映っていたのだろうか。

「このトヨタには、俺たちみたいに命をかけてクルマをつくっている人間がいる。そのことを忘れないでほしい」

成瀬はそう続けると、しばらく間を置いてから、もしよければ――と語りかけたという。「月に一度でもいい、もしその気があるなら、俺が運転を教えるよ」

以来、豊田は静岡県袋井市にあるヤマハのテストコースなどで、成瀬からドライビングのイロハを習うようになった。

「それから僕はアメリカで本当に好きだったゴルフをやめた。真剣にクルマをやり始めたら、ゴルフをしている場合じゃなくなったから。優先順位ってものがあるでしょ。クラブをステアリングに持ち替えたんだよ」

ニュルブルクリンク二四時間耐久レースへの参加を勧めたのも成瀬だった。豊田は二〇〇七年と〇九年にそれぞれアルテッツァと開発中のLFAで自らステアリングを握っている。

成瀬がチーム監督を務めていた去年までは、工具を持って走り回りながら若いメカニックたちを叱責する彼の声が聞こえたものだった。先のことを考えろ。次に自分が何をすべきかをちゃんと考えて動け。

だが、その彼はもういない。ピットには赤いレーシングスーツ姿の成瀬が穏やかな笑みを浮かべた遺影が、忙しなく動き回るNチームの面々を見守るように掲げられていた。その様子を腕組みしながら見つめていた豊田は、何かを懐かしむように言った。

「成瀬さんがいなくても、いまのところよくやってる。いまのところはね。五年前はみんな素人だったんだよ。最初は僕もずっと足手まといだったんだ。当時に比べたら、本当にチームらしくなった。四年間かかったんだ。ここまで来るのに」

しかし、ニュルはすごいよ、と興奮気味に語る口振りは、彼がいまレースの現場でかなりの高揚感を抱いていることを感じさせた。

「テストコースで何度走ってもトラブルがなかったクルマが、ここではすぐにトラブルだらけになる。だから、最初にニュル二四時間に出たのもクルマを壊すことが目的だった。タイプの違うドライバーを頼んでさ。そりゃあね、初めて走ったときは恐怖しかなかった。レースで夜になると、後ろから後続車のライトが洪水みたいに押し寄せてくるんだ。本当に怖かったけれど、そうして始めたここでのレースのなかで、僕はやっとNチームの仲間に入れてもらったと思っているんだ」

それにさ――と彼は続けた。

「成瀬さんが言ったように、あの公聴会にだって命の問題はないでしょ。出席して命まではとられない。その気持ちはニュルを走っていなければ、生じなかったんだ」

この年のニュルブルクリンク二四時間レースで、豊田は自らハンドルを握ることを公式には発表していなかった。だが、レースウィークの序盤、彼はLFAに乗ってノルドシュライフェを五周している。何よりLFAは彼の運転の師匠である成瀬が、この場所で開発を続けてきたクルマだった。

トヨタにとってLFAはレクサスのブランド力向上のため、採算度外視とも言ってよい体制で開発されたスーパーカーだ。九千回転のレッドゾーンまで〇・六秒で噴き上がるV10の自然吸気エンジン。カーボン・ファイバーを使用した車重は一千四百キログラムで、三・六秒で時速一〇〇キロメートル、最高速度は三二五キロメートルに達する。

開発チームや工場はチーフエンジニアの棚橋晴彦の指揮のもとゼロから作り上げられ、限定五百台の生産は元町工場に構えた「LFA工房」で、選び抜かれた一七五人のエンジニアによって前年十一月から始まっていた。LFAの開発では多くの挑戦がなされたが、私はナショナルジオグラフィックの番組でこの工房のドキュメンタリーを見たとき、フロントミッドシップ（エンジンが前輪と運転席の間にあるレイアウト）のヤマハ製V10エンジンについてのこんなエピソードが特に印象に残った。

ヤマハ発動機ではこのエンジンの音をデザインする際、甲高く厚みのある排気音だけではなく、アコースティックギターやバイオリンの構造を活用して、車内にもフォーミュラカーのような音を響かせる工夫をしたという。成瀬は人間の本能に訴えかけてくるように闘争的で、官能的ですらあるこの音を誰よりも長くコクピットで聞きながら、LFAの実走テストをニュルブルクリンクで繰り返したのだ。

その成瀬の前年の事故死から最初の二四時間レースであった。

東日本大震災のあったこの年、トヨタ社内でもレースの参戦には疑問の声が上がっていた（震災の有無にかかわらず反対の声は常にあったが）。それでも豊田が二四時間レースへの参戦にこだわったのは、成瀬への弔いを果たさなければならないという思いも理由の一つだった。ＬＦＡを自ら走らせることもまた、同じように供養として自らがやらなければならないことだった。

「ちょっとでも何かを起こすと周りが気を使うから。でも、やっぱり走ってよかった。僕はまだ成瀬さんの死を受け入れられないけれど、ここに来てＬＦＡで走っていると、いつもみたいに僕の隣に座って見てくれているような、あるいは体のなかに成瀬さんがいるように感じた。だって、僕はもう十年も彼と一緒にやってきたんだから……」


このときはまだ、よく分かっていなかったと私は思う。

この本を書いている二〇一六年のいま、トヨタはグループ全体で年に一千万台以上の自動車を世界中で売り、三兆円近い営業利益を叩き出す世界最大級のグローバル企業である。排ガス規制に関するフォルクスワーゲンの不正ソフト使用の問題を受け、前年の販売台数でも頂点に立った。

そのような大企業のトップがすでに亡くなった一人のテストドライバーについて「いつもみたいに僕の隣に座って見てくれているような」気がすると語り、自分の体のなかに彼がいるように感じると語ることに、二〇一一年当時の私は戸惑いを覚えずにはいられなかった。

いったい成瀬弘とは何者なのか。そして、豊田章男は彼から何を学んだというのだろうか。

「僕は道楽者だと言われる」

と、豊田は言った。

そう、彼のレース活動やクルマ好きは社内外からそう囁かれてきた。だが、ニュルブルクリンクでの彼の様子は、ときとして浮世離れした創業家の御曹司というイメージで伝えられてきたものとは、全く異なるように感じた。

「僕は馬鹿だ、のろまだと言われてきた。何しろこんな苗字でしょ。でも、そのなかで社長になるにあたって決めたことがある。それは逃げないこと、嘘をつかないこと、誰のせいにもしないこと。人間は食べたものしか栄養にならないだろ？　体が悪くなったからといって、ビタミン剤を飲んだって良くならないのと一緒だよ。僕の目的はこうした極限の経験を、最終的には普通のモデルに活かしていくこと。その意味はクルマづくりのなかで示さなければならない。いずれそのことは分かってもらえるはずだと、僕は信じているんだ」

それから、彼は「ここはいいな」と繰り返すように言った。

「それぞれに立場というものがあるよ、そりゃあね、僕にも立場がある。でも、ここでは誰もがクルマを中心にものを考えられるんだ。立場を超えられる場所なんだ――」

この年、LFAは予選で二三位と二六位を獲得したが、決勝での成績は振るわなかった。一台はエンジントラブルで長時間のピット作業を余儀なくされ、もう一台はレース途中の接触でエンジンを冷やす部品であるラジエーターが壊れた。

完走は果たしたものの、スバルのインプレッサや日産のGT-Rといった他の日本勢の活躍に対して、順位はそれぞれ総合四一位と一三四位という結果だった。

それでも十六時に長かったレースが終わると、豊田はピットに置かれた成瀬の写真を保江と二人で持ち、ホームストレートをゆっくりと通り過ぎていく二台のLFAを見送った。

遺影を持つ彼は泣いていた。

そしてその夜、彼は「ガズーレーシング」の打ち上げの会場で、メカニックやドライバー、その他の様々なスタッフの前でこう語った。

2

みなさん、今日は本当に完走、おめでとうございました。また、ありがとうございました。

さきほどレースが終わった後、この挨拶を自分で書いてきました。自分で書くのは公聴会のとき以来です。

今回、前半は天気に悩まされ、後半はマシンのトラブルに悩まされ、嵐のレースだったと思います。レシーバーをオンにして、レース中もホテルで寝ているときも、ピットでやり取りする皆さんの声を聞いていました。エンジントラブルがあったときは、三年連続だったので、まさかと思いました。すぐにその場に行ったところ、メカ（ニック）が落ち着いていたし、みんながそれぞれの持ち場で手が動いていたので、これは大丈夫だと思ってそのままホテルに戻って寝ました。

その後もレシーバーを聞きながら寝ていたところ、（ドライバーの）大嶋（和也）さんの声で起きたわけです。走行は大丈夫だけれど、後ろからすごい衝撃を受けました、と。目が覚めましたが、メカの冷静なやり取りを聞いて、駆けつけることはしませんでした。そのあとはコース上に二台ともいなかった時期があったので、静かでしたね。

しばらくして（スポーツ車両統括部の）水野（陽一）君の声で、あと一時間で直るからロッテラー（ドライバー）を起こしてくれという声で目が覚めました。そこで、私の期待では六時くらいには直るんじゃないかと思っていましたが、もう寝てはいられないということで、仕上がり具合を見に駆けつけました。これなら二台とも完走できるんじゃないかと思ったのがそのときでした。

二〇〇七年のとき、私は自分でハンドルを握って完走し、嬉しさで涙が流れましたが、今回の二台の完走はそのときよりも嬉しい完走であります。一一年は飯田章監督のもと、駅伝レースのように襷《たすき》をわたしていった。一人ひとりが本当に自分の仕事をしてくれたと思います。全員で勝ち取った完走だと思います。


……実は今回、私にとってこのニュルでのレースは大きな意味を持つものでした。成瀬さんがいないニュルを迎えるのが初めてだったからです。

正直、ずっと寂しい思いをしていました。いつもいる人がいない。自分にとって、それはいったい何なのだろうか、と思いました。

社長になってから、いろんな、いろんな苦労と試練があるわけですが、私は常に「誰のせいにもしないのがトップの責任」と言い続けてきました。そう言い聞かせる必要があったのは、その多くが自分の蒔《ま》いた種ではないものに、トップとして責任を取らなければならないことだったからです。

しかし、このガズーレーシングは違います。私自身が担当者時代からずっとやってきた活動であり、そして、成瀬さんという支柱をなくし、今回から一人ぼっちになり、責任をとるという重さを本当に痛感したわけであります。

人を鍛え、クルマを鍛える。そのことを合言葉にこれまで自分自身がやってきた活動でした。次にあれをしろ、これをしろよと言ってくれた成瀬さんがいなくなって、自分自身の責任を感じたニュルだったのです。

無力感を感じました。正直、悔しくも思いました。成瀬さんがいないと、結局は自分なんてガズーレーシングと口で言うばかりで、なんにもできないじゃないか、と。

震災以後、何度も逃げ出したくなりました。いままでは成瀬さんが決めていたメンバーも、今回は全部を自分でやらなければならない。責任を感じました。

これまで公聴会や震災対策などをやってきましたが、それはトップとしての責任を取ればいいということであり、長きにわたって続けてきた活動に対する責任の重さとは全く違うものでした。しかし、レースを終えたいま私は成瀬さんが育てたメンバーに自信をもらったと思っています。

今回、私は大震災を理由にハンドルを握りませんでした。しかし、本当は成瀬さんがいないなかでハンドルは握れない、という逃げだったのかとも思います。ゴールを迎えて成瀬さんの写真を胸に抱えたとき、誰にも見せませんでしたが、〇七年の完走の時よりも涙が出ました……。成瀬さん、あなたが育てたメンバーが立派に完走したよ、と。それが本当に嬉しかった。

敢えて言わせていただきますが、トヨタ社内ではこのガズーレーシングに対して、社長に守られて好きなことをやっている集団だと、いまも思っている人がたくさんいると思います。私がこだわってきた活動にそんなことを言われるのは、正直つらかったです。

成瀬さんも私も命をかけてきました。成瀬さんも私もそうしてきました。だから、僕は命を取られないあの公聴会だって怖くなかった。

実を言えば、ガズーレーシングからも逃げ出したいと思ったこともあります。しかし、それは決してしてはならないことだといまは思っています。逃げてはいけない。僕たちのこの活動が世間に認められつつあるときに、逃げちゃいけない。

成瀬さんのお葬式の後、みなさんに僕はこう言いましたね。

「泣こう。そして泣いた後、いいクルマづくりをしたいと思った連中だけ戻って来てくれ」と。そしてみんなが戻って来てくれて、ニュルに戻って来られたわけです。

他社とのバトル、厳しい道での競争、技術の進歩との追いかけっこ。ここにはいいクルマをつくるための素晴らしい環境があると思います。もしトヨタがもっともっといいクルマをつくろうと心を一つにしたのであれば、トヨタという会社は本当に生まれ変われるのだと思っています。

だから、私は敢えて言います。この活動は続けさせていただきます。その目的は、本当にいいクルマをつくることです。そのためにいい人材を育てる。三河地方で「トヨタさんすごいですね」と言われている世界から抜け出し、本当にいいクルマをつくるために力をお借りしたいと思います。

この会社にかかわるすべての人たちが心を一つにすれば、トヨタはいいクルマをつくる会社に生まれ変わると思いますし、それに対して世間からの評価も得られるということを私は確信しています。

今日は自分の本音をみなさんに言わせていただきました。

3.

テストドライバーの仕事とは、その名の通り新型車などの走行テストを行なうものだ。トヨタには社内のテストコースを走るための資格制度があり、特に走行性能を評価する資格を持つドライバーとエンジニアが、合わせて約三百名いる。さらに同社ではクルマの「最終試験」を担当する「トップガン」と呼ばれる少数のテストドライバーがおり、開発段階のクルマから様々な課題を抽出し、それをエンジニアに伝える役割を担っている。

トヨタの資格制度はこの「トップガン」を頂点としたピラミッド構造となっている。成瀬弘は晩年、「トップガン」のマスターテストドライバーとして、そして、LFAの開発テストを担うニュルブルクリンクに精通した数少ない日本人として、自動車雑誌を中心に有名な存在だった。

ニュル・マイスター――そう呼ばれた彼はドイツで命を落とした後、〝伝説のテストドライバー〟と社内外で称されてきた。

だが、成瀬はあくまでもトヨタ自動車の車両実験課に所属する一介の社員であり、以前は自動車業界でも知る人ぞ知る存在でしかなかった。彼の仕事が雑誌やインターネット上で紹介され、その名が広く知られるようになったのは、やはり豊田の運転の「師匠」になってからのことだ。

成瀬は豊田と深くかかわるようになった後、ガズーレーシングのトップとして後進のメカニックやドライバーを育てると同時に、トヨタのチューニングカーのブランドである「G's」や「GRMN」の車両開発を担当した。

「クルマというのは家族だけではなく、運転手も一日、気持ちよく走れないといけない」

と、成瀬は豊田に対しても、そして多くの後輩や自動車ジャーナリストに対してもよく言った。

「大事なのは、クルマに乗って『ああ、これにもう一度乗りたい』と思ってもらえるかどうかなんです。例えばあそこのレストランが美味いと言うとき、『ソースが美味いから一万円払うんだ』という人はいないでしょう。あれがいい、ここがいい、と言われているうちはまだダメ。乗ってみて『ああ、これはいいね』と言われるのが一番いい。『このクルマはロール（曲がる際の車体の傾き）が少なくていいね』だったら町工場にいけばすむ。このクルマは面白い、このクルマはすごい、と言われるものをメーカーはつくらないといけない」

市販車の開発というものは、消費者のニーズと開発期間や予算という制限のなかで、お互いに同時には成り立たない様々な要素を、いかに組み合わせるかという一つの表現だ。

例えば、クルマを評価する際の一つの指標に、「ボディ剛性」の高さというものがある。クルマは走行時に様々な方向から力が加えられるが、この剛性を溶接や素材によって高めれば車体の捩《ねじ》れが抑えられるため、コーナリングや走行時の安定性が増す。だが、それが市販されるものである以上、思う存分にコストをかけて剛性を高めるわけにはいかない。

成瀬のような「クルマの味付け屋」の役割は、まさにそこにある。補強のための板を一枚加えるだけで、乗り心地というものは大きく変わるからだ。しかも、その乗り心地は機械的な数値としては現れないものであることも多い。

「サロンパスでも貼っておけ」

成瀬はあるとき、クルマの挙動の調整に手間取る後輩に、こう謎をかけたことがあったという。スバルの社内テストドライバーで、同社の車両開発の歴史において重要な役割を果たした辰己英治は、人づてにこのエピソードを聞いたときにこう感じたと話す。

「この話を聞いたとき、僕は成瀬さんが正しいと思った。普通に考えたら、クルマがサロンパスで直るわけがない。誰もがそう思うよ。でも、同じテストドライバーの僕には何となく分かるんです。クルマってそれくらい微妙なことで変わる。突き詰めていくと、もしかしたらこれって、サロンパスで直っちゃうんじゃないかと思うときが確かにある。彼はそんな言葉でクルマについて語れる人だったんです」

成瀬弘は一九四二年に四人兄弟の末っ子として、大阪府に生まれた。

父親は太平洋戦争で亡くなったため、彼は戦争中に母方の実家である岐阜県の池田町に疎開し、終戦後も山深く静かな農村であるその町で育った。

まだまともな自動車産業などというものが日本になかった時代、しかし、小学生の頃から彼には「クルマ」というものに触れる機会があった。

「昔、木炭車というのがあった……」

と、彼は懐かしそうに親しい新聞記者に語っている。

木炭自動車は戦時中の日本において、不足するガソリンや軽油を使う自動車の代わりに普及したものだ。「代用燃料車」などとも呼ばれ、搭載した木炭を燃やした際に出る一酸化炭素と水素を内燃機関の燃料として走る。

「酒屋だったもんで、いつも六時くらいに薪を割って、風を送ってね。それを小学校のときからやっているもんだからクルマが好きになって──」

ただ、妻の保江や彼の二人の息子によれば、成瀬の実家が酒屋を営んでいたとの話は聞いたことがないという。ならば、それはクルマとの出会いを語る彼なりのリップサービスであったのかもしれないが、ともかく自分の最初に触れたクルマはその木炭自動車だった、と成瀬は振り返っている。

木炭自動車を動かすためには、彼の言う通り釜に詰め込んだ燃料に火を点け、送風機で風を送り込んでエンジンを始動する必要がある。

彼はこの思い出深いはずの木炭車がどのような形や色をしていて、それに接すると き子供心にどんな思いを抱いたかについて詳しくは語っていない。例えば手回し式の送風機は子供たちの人気の的であったというから、想像するに初めはそれを操作する兄たちを羨ましそうに眺め、いずれ自分でも機械を触って好奇心を満たしたのだろう。

木炭が赤く燃え始めたのを確認して送風機を止める。すると木炭は不完全燃焼を起こし、一酸化炭素と水素ガスを発生させる。頃合いを見計らってクランク棒を力いっぱい回せば、エンジンが音を立てて動き始める。

「それを毎朝、小学校のときからやっているもんだから、クルマが好きになってね」

半世紀以上前の戦後の風景を思い出しながら、彼は次第に自動車という工業製品への興味が増していった理由を語っている。

「当時はクルマがいろんなところで止まっていたからね。そういうクルマを直せるような奴になりたい、って思うようになったんだ」

成瀬は県内の専門学校で自動車整備の技術を学んだ。卒業後にトヨタ自動車で働くことになったのは、「たまたま知り合いがいたこと」と「整備修理書を欲しいと各社に手紙を送ったところ、トヨタだけとても分厚い修理書を送ってくれて、すごい会社だと思った」からだった。

成瀬弘が木炭車への興味から自動車の整備士を目指し、専門学校を卒業するまでの期間は、トヨタ自動車にとって戦後における第二の創業期だった。

トヨタの歴史は自動紡績機の発明者・豊田佐吉に始まる。佐吉の息子である喜一郎が父とともに開発したG型自動織機の特許をイギリスの会社に売り、その資金をもとに豊田自動織機製作所内に「自動車部」を作ったのが一九三三年。日本人だけの力で大衆車をつくるという志を抱きながら、喜一郎は粗末なバラックで自社製のエンジン開発に没頭した。

読売新聞特別取材班著『トヨタ伝』によると、その熱中ぶりは紡績工場の拡張を中止にするほどで、後に喜一郎を継いでトヨタの社長となる石田退三が、〈本業の紡績、織機を抑えて、大財閥もやらない自動車をどうしてやるのか。発明狂が二代、三代と続いては、築き上げたものまでふいになってしまう。御曹司の道楽をやめさせてほしい〉（同書）と語ったくらいだったという。

それでも喜一郎は自動車部の設立から五年後、現在の豊田市である挙母《ころも》市に工場を建設し、本格的に自動車生産を開始する。そして、国内での軍用車生産を後押しする国の施策を背景に、太平洋戦争が始まった一九四一年には年間一万五千台近いトラックやバスの生産を実現するに至った。

しかし、トヨタは戦後の混乱と不景気のなかで業績が悪化し、喜一郎は一九五〇年五月の大争議で社長を辞任。そのわずか二か月後からの朝鮮戦争特需によって業績は急回復するものの、創業者は復帰が決まっていたその二年後に脳溢血に倒れた。五十七歳だった。

石田退三が社長に就任したトヨタが「トヨペット・クラウン」を発売したのは一九五五年。そして、二年後には大衆車の先駆けとなるコロナが発売された。

コロナは一九五九年に投入された日産の「ダットサン・ブルーバード」と「BC戦争」と呼ばれる熾烈な販売競争を繰り広げることになり、さらに一九六一年には一般公募の「パブリック・カー」から命名されたパブリカが市場に登場する。

成瀬が臨時工として同社で働き始めたのは、このパブリカが発売されてから二年後の一九六三年のことだった。高度経済成長期がいよいよ始まり、日本が本格的にモータリゼーションの時代に入っていくその最中に、彼はトヨタで働き始めたのである。

成瀬が配属されたのは、技術部車両実験課という部署だった。

彼が入社した頃、車両実験課ではコロナの新型の開発が行なわれていた。RT40という型式番号を持つコロナは、完成して間もない名神高速道路で一〇万キロメートル連続高速試験を行なったことで知られる。

自家用登録された二台の試作車による高速試験の成功は、同車の高速性能と耐久性を宣伝するために企画されたものだった。成瀬はこの試験の担当者になった。

車両実験課は「号口車《ごうぐちしゃ》」と彼らが呼ぶ市販車のテストを担う場所だ。

車両開発というものは製品企画室が考案したデザインや性能、コンセプトをもとにしてシャシーやエンジンを開発し、木の型に板金を当てて作成したボディを組み合わせて最初の試作車をつくる。その試作車を繰り返し走らせて完成度を上げた後、認証試験を受けて工場のラインが稼働する。車両実験課ではこうした新型車を試作の段階からテストしていくのだが、成瀬が担当していたのはその最終工程の段階だったことになる。

ちょうどその頃に実験課へ配属された中村武彦は、後輩として二十歳そこそこの成瀬の部下になった。

「いつも成瀬さんにくっついて仕事を教わったんですよ。コバンザメみたいに」

成瀬はいつも工場で一人黙々と仕事をこなすタイプだったが、傍にいると意外に気さくな笑顔を見せ、ポツポツと仕事のやり方を教えてくれた。

「後輩には何も教えない奴だぞ」

と、別の先輩メカニックは言っていたが、中村が冗談めかしてそのことを指摘すると、「聞いてこないから教えないだけだ」と成瀬は言うのだった。

いまでも中村の印象に残っているのは、試作車のコロナのキャブレターの調整のやり方を教わったことだ。キャブレターはガソリンを霧状にして、空気と混ぜるためのエンジン・パーツである。ジェット部分はプライマリーとセカンダリーの二つに分かれ、低速時は前者、高速時には後者が機能する仕組みだ。

この切り替えによってエンジンはどの回転域でも適正な状態に保たれるのだが、性能を存分に引き出すためには、送り込まれる燃料の濃度が薄すぎても濃すぎてもいけない。セッティングを誤ると黒煙が出たり、低速時にエンジンが快調に回らなくなったりすることもある。対して絶妙なセッティングを探し出せば、これが同じクルマかと思うほど低速域から高速域へとエンジンがスムーズに回る。

成瀬は油で真っ黒になった手に計器を持つと、エンジンの点火のタイミングの適正値を真剣な表情で探っていった。そんなふうにクルマに向き合うときの様子は、どこか人間同士の親密な交わりを思わせるほどで、中村は何か不気味さを感じさえした。

「この人はとにかくクルマが大好きなんだ」

職場でクルマのブレーキやトランスミッションを取り外すようなとき、いつも先頭に立って手をオイルで汚している成瀬を見て、中村はそう思った。

4

私が成瀬弘というこの一人のテストドライバーに興味を抱いたのは二〇一〇年六月

二十五日、新聞で彼の死亡事故を伝える記事を読んだからだった。例えば朝日新聞の記事には次のようにあった。

「トヨタ2000GT」など数々の名車の開発に携わったトヨタ自動車のテストドライバー、成瀬弘氏が23日、高級スポーツカー「レクサスLFA」のテスト中に事故死した。国際C級ライセンスを持つ豊田章男社長は、成瀬氏を運転の「師」と仰いでいた。

トヨタなどによると、成瀬氏は六十七歳。ドイツ・ニュルブルクリンク近くの一般道を、LFAで走行中、他の車と衝突した。LFAは、成瀬氏が中心になって、走行性能や乗り心地を高めてきた。事故も、今年末の発売を目指したテスト中に起きた。

成瀬氏は一九六三年、トヨタ自動車工業（現トヨタ自動車）に臨時工として入社。ドライバーとして頭角をあらわし、「セリカ」などのスポーツ車開発に携わった。社内外で「伝説のドライバー」と呼ばれた。

こうした記事を読んだとき、私はいくつかの点に引っ掛かりを覚えた。

まず、豊田章男が一人の社内テストドライバーを「運転の師」と仰ぐとはどういうことなのだろうか。そして、六十七歳というすでに定年を迎えているはずの一人の社員が、ドイツでレクサスのスポーツカーを開発していたというが、そこにはいったいどのような事情があったのだろうか。

テストドライバーという職業に対する素朴な関心も相まって、現場でクルマを操る彼らの仕事について、話を聞かせてほしいとトヨタ自動車に一枚の依頼書をファクスで送ったのがこの取材の始まりだった。

それから一年が経ち、二年が過ぎていくなかで、私は事故死したこの成瀬弘という存在が、トヨタという大企業のトップに立つ男にとって、あまりに大きなものであり続けていることに気づいていった。豊田家の御曹司として生まれた豊田章男、記事にもあるように「臨時工」として高度経済成長期にトヨタに入社した成瀬弘。あまりに遠いところにいたと思えるこの二人がいかにして交わり、そこに何が生まれたのかを知りたくなった。

では、一九六〇年代にクルマづくりの現場に来た成瀬は、後輩だった中村武彦が言うような黙々とクルマに向き合う姿勢を、どのような人々のなかで培ったのだろうか。

私がそれを少しだけ想像できるようになったのは、若かりし頃の成瀬の上司だった平博という元社員に、彼らのようなメカニックが戦後の混乱期をどう過ごしてきたのかを聞いてからのことだった。

平は、十五歳で軍隊から復員してすぐにトヨタに入社した。同社の戦後史を現場から見続けてきた彼は、成瀬弘が入社する十数年前の社内の様子をこう語った。

「とにかく人の技を見て覚えろという徒弟制度。ひどい環境でした」

教育制度は当然のように存在せず、入社してしばらくは先輩社員から頭ごなしに命令されるのをただただ聞いているしかなかった。

「だから、最初の一年くらいは毎日部品を洗ってばかりいましてねェ。試作車や部品を分解するたびに、先輩から『オイ、洗っとけ』と言われるのですが、洗う液体がない。それで仕方なく重油で洗うので、すごい臭いがするんです」

平がトヨタに入社したのは、終戦から二か月が経った一九四五年十月のことだった。試験も何もない入社だった。現在のトヨタ本社がある場所も当時は畑が広がり、正門を通った先に事務本館、設計課、試作課と建物がぽつん、ぽつんとあるだけだった。日本一を誇った挙母工場も四分の一が空襲で破壊されていた。

戦争が終わると同時に、工場で働く人の数は目に見えて減っていた。戦時中は勤労動員で約九千五百人まで増えた工員は七千四百人となり、その後も自主退社が後を絶たなかったため、十月末にはその半数にまで人員が減少したからである。

この年で十五歳になる平は、終戦時に三重県にあった海軍航空隊奈良分遣隊に所属していた。敗戦によって将来への夢や展望を思い描くことはできなかった。しかし、そうした混乱のなかで働き始めたトヨタでの日々について、彼は「まだ小僧だったし、そのうちに仕事がとにかく面白くなってきた」と振り返る。

彼が配属された自動車実験部（後に成瀬が入る部署の前身）は、乗用車やトラック、バスの試作車を組み立てては試験する部署だった。

GHQ（連合国軍総司令部）は占領政策として乗用車の製造を禁止していたが、研究開発は認められていたため、実験部では小型エンジンや新型乗用車の開発が続けられていた。

自動車会社と言っても、乗用車を所有している同僚もほとんどいない時代、彼は社内において〝独学〟で自動車の運転を学んでいくことになった。いわば成瀬の上司に当たる世代は、戦後における最初の「社内テストドライバー」でもあった。

平はトヨタでの仕事を楽しいと感じた。何しろ自分は海軍にいて、戦争で死ぬはずの人間だったのだ、という思いがある。そして、戦争が終わってみれば十五歳の少年に過ぎない彼は、実験部の施設に置かれたクルマに目を奪われた。

そのほとんどは戦中に製造されていたトラックだったが、なかにはトヨタが初めて量産乗用車として発売した「トヨダ・AA型」、その改良型として戦時中に開発されたAC型なども見られた。

つい数か月前までの戦争を彼らに強く意識させたのは、研究所で購入した戦車や実際に生産もしていた様々な牽引車が、倉庫に並べられていたことだった。これはただ置かれているだけではなく、牽引車には実用的な改造が施され、外山工場の外の荒れ地で食物を作るための開墾に使用されていた。平たち十代の新人社員たちは就業時間を終えると、先輩社員や上長たちが帰宅するのをガレージに隠れてじっと待った。

そして、辺りの風景が夕闇のなかに沈んでいく頃、人目がなくなったのを確認すると、あらかじめ工場の至るところから集めておいたガソリンの隠し場所に向かった。一斗缶に入れた燃料を戦車や軍用車に注ぎ、小さなテストコースで動かそうというのである。

彼の思い出に強く残っているのは、ＡＫ１０型と呼ばれた小型の四輪駆動車だ。戦時中、日本陸軍がマレーシアで入手したアメリカのバンタム社製ジープをトヨタに持ち込み、それを参考につくられたといういわくつきの軍用車。彼らはこの車両におもむろに乗り込むと、本社工場の西門を入ってすぐのところにあった小さなテストコースをぐるぐると走らせた。

新人たちが夜中にこっそりと行なっていたのは、軍用車両の運転だけではなかった。彼らは同じように先輩社員たちが帰った後、実験部に置かれたエンジンを分解し、朝までに何事もなかったように元へ戻すことを繰り返していた。

誰かが仕事を教えてくれるわけではない。そうやって自ら学ばなければ、いつになっても重油で部品を洗わなければならない——。

そんな思いもあっただろうし、何よりクルマの解体と組み立ては彼らの心を躍らせたのだ。結果的にその経験は仕事にとても役立つものだった。というのも、その頃のクルマづくりでは主査（現在のチーフエンジニア）が設計図を描く前に、アクセルやブレーキ、配管の取り回しを先に現場で組み立てることが多かったからである。

「あの頃の実験部では新型車をつくるとき、一から全てを人で組み立てておりました。結局、開発陣も機械が複雑で設計図を描けないので、わしらが現場で継《つ》ぎ接《は》ぎだらけでもいいから配管をまず組んで、それを見て紙の設計図を作っていたんです。それでできた図面を見てまた一から組み立てたら、ハンドルを右に切ったら左に行くようなクルマができてしまったこともあります。図面を逆さまに見てつくってしまったんですね。わしらの頃はそういう開発の現場だったわけです」

そうした話を聞きながら私は、その世代の経験が中村武彦の語った「クルマと会話をする男」という成瀬の姿と重なっていく気がした。若いメカニックが手を真っ黒に汚しながら自らエンジンを解体し、組み直し、運転技術を自己流に学んで成長したという体験は、高度経済成長による企業の拡大期に入社した若いメカニックに、直接受け継がれていったに違いなかった。

このような日々のなかで仕事を覚え、クルマをつくっては乗る仕事に平は満足していたが、一方で不況を抜け出せない会社の雰囲気は決して明るいものではなかった。

自分たちを除いて新人が職場に入ってくることはほとんどなく、さらに一九四九年になると国の財政金融引き締め策の「ドッジ・ライン」が実施され、世の中では倒産が相次いだ。トヨタでも一九四九年十月に千人規模の人員整理が発表され、労働争議は激しさを増していく。長引く労働争議の収拾を図るために、豊田喜一郎が辞任を表明したのは一九五〇年五月二十五日のことだ。

いまでは当時のエピソードを懐かしそうに笑って語る平もまた、こうした時代状況のなかでは「仕事は楽しかったけれど、あまり将来に希望を持った覚えはない」と続ける。

労働争議の収束後、トヨタは朝鮮戦争の特需で五千台近いトラックの受注を受け、業績が急回復するが、それまで現場のメカニックたちが口々に言っていたのは「定年までおっても班長にはなれんかもしれんな」という言葉だった。

新人メカニックは一様に班長になることを将来のささやかな希望とするものだ。しかし先輩たちのそんな愚痴ばかりを聞いていると、平も将来への前向きな展望が描けず、気持ちが暗くならざるを得なかった。

「不景気で人は入って来ないし、上も止まったままでね。新しく大勢の社員が次々に入ってくるようになるのは、わしが入社して十年後くらいのことでした」

一九六三年に一人の臨時工としてやってきた成瀬は、戦後におけるトヨタの原点がいくつも社史に記述されるこうした激動の十年間を、現場でつぶさに見つめ、体験してきた人々に迎え入れられたのだ。

5

成瀬弘がトヨタに入社した一九六三年、豊田章男は挙母市内にある広大な敷地の生家で伸び伸びと暮らす七歳の少年だった。

彼の記憶には、父親の章一郎が見たことのない外国産の自動車に乗り、家の門を飛び出していく様子が、おぼろげな光景として残っている。父親の乗るクルマは日によって異なり、外国車であることもあれば、クラウンなどのトヨタ車のこともあった。ときどき章一郎はそのクルマにまだ幼い章男を乗せ、自ら運転して遠出した。とりわけ九歳のとき、名神高速道路が全線開通した際のことを彼は忘れられない。出来上がったばかりの道路を章一郎と走っていると、何か言いようのない感情を胸に覚えたものだった。

そんな記憶を呼び起こすとき彼は、思えば自分はあの頃からクルマに親しみ、クルマを愛していたのだ、という気持ちになる。あの時代に、どれほど自分が多くの種類のクルマに囲まれて育ったか。いまになってみれば、そのことがどれほど大きなことだったかが分かる。

そして、彼はときおり思うことがある。「大人になり、社会人として胸にしまっていたその感情を、成瀬さんは引き出してくれたのだ」と。

あのとき、父親は何をしていたのだろうか。成瀬と出会ったいまなら、その答えがよく分かった。章一郎は創業家出身の経営幹部ではなく、好奇心旺盛な一人のエンジニアとして、新しくできた道でクルマをテストしていたのだ。道がクルマをつくる──成瀬がしつこいくらいに言っていたその姿勢は、幼い頃の自分のすぐ傍にあったものだった。

トヨタに入社すると伝えたとき、章一郎は「トヨタにはおまえを部下にしたい上司はいないぞ」と言った。そして、しばらくしてレース活動を始めると、同じように彼は「自分一人の体ではないことを、おまえは分かっていない」とも諭《さと》した。

だけど名誉会長──と豊田章男は思うのだ。私をこのようなクルマ好きに育てたのは、あなたではないですか。いつかその言葉を、父親に言ってみたいという気持ちが、彼のなかにはあった。

豊田が奥田碩《ひろし》、張富士夫《ちょうふじお》、渡辺捷昭《かつあき》と三代続いた〝サラリーマン社長〟から、十四年ぶりに創業家出身の社長となったのは二〇〇九年六月二十三日のことだった。

二〇〇八年に八百九十七万台という世界販売台数を記録したトヨタは、米ゼネラルモーターズ（ＧＭ）を抜いて名実ともに業界トップの座に着いた。しかしそれはいまから振り返ればほんの束の間のことであると同時に、その後のトヨタを揺るがした激震の始まりでさえあった。

同年九月のリーマン・ショックによって、自動車業界は世界的な業績の落ち込みに見舞われた。

ビッグスリーのうちの二社であるＧＭとクライスラーが経営破綻し、トヨタも十一月六日に一兆円もの営業利益の下方修正を発表。株式市場が「トヨタショック」と呼んだこの発表の後、翌年二月には三度目の下方修正で五十九年ぶりとなる最終赤字見通しを公表した。同社は営業損益四千五百億円、純損益三千五百億円という赤字企業となった。

良いニュースといえば、市場に投入されたプリウスの最新型の売れ行きが好調だということだけ――五十三歳の若さだった豊田章男の就任が「大政奉還」と呼ばれて報じられたのは、まさにそんな最中のことだった。

当初、豊田のマスコミからの評判は、必ずしも芳しいものではなかった。それは就任後の彼がほとんどマスメディアの前に姿を現さず、社長就任インタビューすらまともに行なわなかったことも一因だった。新聞記者の夜回りや朝回りもほとんど受け付けないという彼の方針は、マスコミ嫌いの謎めいた若社長というイメージを生み出していった。

また、豊田の就任によって目に見える形で変化したのは、記者会見時に数値目標が積極的に語られなくなったこともその一つだった。

それまでのトヨタ自動車の業績発表の場では、何よりも数値目標が重視されてきたし、マスメディアの関心もそこにあった。

「一千万台」「販売数世界トップ」――といった言葉は単純明快で分かりやすく、報道機関は自動車メーカーの浮き沈みを「台数」で表そうとするものだ。実際、トヨタ側もその期待に応えるように、記者会見では数値目標を前面に掲げる傾向があった。「経営説明会」と銘打ち、二年後の数値目標まで開示するようになったほどだ。

それはビッグスリーの座を窺う〝TOYOTA〟の強さを示すことであり、グローバル企業としての著しい成長をアピールしたい彼らの広報戦略でもあった。

ところが、豊田の就任によってそれが変わったのである。

もちろん質問を記者からされれば、公表されている来期の計画は答える。だが、「次はどれくらいの販売台数を目指すのか」とさらに聞かれると、豊田は決まって次のように言うのみになった。

「台数は結果ですから」

かわりに語られるようになったのが、「もっといいクルマをつくりたい」というい まなお繰り返される言葉だった。このとき豊田章男の脳裏にあったのは、トヨタ自動車が「販売台数」至上主義の経営から、本来同社が金科玉条としてきたはずの現場重視の姿勢や質実剛健さ――いわゆる「現地現物」を重視するものづくりの会社へと、いかにして立ち戻れるかという問題意識だった。

だが、「もっといいクルマ」とは何を指すのか。そこには後に描いていくように成瀬弘との交流のなかで彼が培った思いと確信が込められていたが、二人の関係を知る由もないマスメディアやトヨタの社員の多くは戸惑わざるを得なかった。

それは富士スピードウェイで開かれたイベントの会場で、私が豊田に成瀬についての話を聞く機会を得たときのことだ。

「やっぱりね、分かりやすいんですよ、数値目標というのは。でも、少々分かりやすすぎる。私が自分の口から数字を言わないのは、私が言うとそんなふうに分かりやすい方向に行っちゃうからなんだ。だから『いいクルマをつくろうね』とだけ繰り返し語ってきた」

会場の一角にあるカフェスペースで、レーシングスーツに身を包んだ彼は当時の心境をこう振り返った。

普段、愛知万博のマスコットキャラになぞらえた「モリゾウ」の名でレースに参戦する彼は、こうしたイベントでの人気者だ。ファンからサインを求められては気軽に応じ、記者会見のときのような険しい表情はほとんど見られない。この日も久々に発売されたスポーツカーであるトヨタ86《ハチロク》に自らが乗り、富士スピードウェイの長いホームストレートで観衆にお披露目したばかりだった。

「最初はつらかったですよ。そりゃあ批判されるからね。今度の経営者は何も数字を言わない、何も考えていないのではないか、と。会社としては公表していますよ、と言っても通用しないわけです。それに社内でも理解者が少なかったしさ」

社長就任時から豊田の頭にあったのは――多くの評論家も指摘したように――二〇〇〇年代のトヨタがあまりに急速に巨大化してしまい、その弊害がリーマン・ショックによって顕在化したのではないかという懸念だった。

例えば、一九九一年のトヨタの販売台数は、累計四百八十万のうちの二百五十万台が国内でのものだった。それが二十五年のときが経過した二〇一六年には、約一千万台のうち国内での台数は約百五十五万台となっていた。国内の社員数は約七万人だが、グローバル・トヨタでのその数は連結で三十三万人を超えてさらに増え続けている。

二〇〇二年四月に発表された「グローバルビジョン二〇一〇」では、二〇一〇年代の世界シェア一五パーセントという具体的な目標が掲げられ、海外生産への取り組みが一段と加速した。フランス、中国、チェコ、アメリカと新工場が次々に稼働し、五年後には二十七の国と地域で五十三もの事業を展開するに至った。海外を中心に年平均で約五十万台というペースで成長を続けたトヨタは、二十万台規模の工場を毎年二、三か所で新設していった。

企業買収を繰り返す手法をとらず、現地法人を地道に作り上げる形で成し遂げた世界展開は、確かに会社にとって一つの大きな挑戦だった。

だが、そうしてゼネラルモーターズを凌駕する企業規模となっていくなかで、大切な何かが失われたのではないか。

成瀬弘など現場のテストドライバーやメカニックとともに行動し、ニュルブルクリンク二四時間レースでヨーロッパの自動車文化に触れてきた豊田は、「世界一の販売台数」「世界一の企業」という言葉を素直に誇る気持ちにはなれなかった。

Nチームは成瀬の指導の下、ニュルブルクリンクで運転訓練を行なってきた。初めて同地での訓練に参加したとき、自分たちがすでに販売の中止されたスープラに乗っているのに対し、欧米のメーカーは二、三年後に発売する新型車をこぞって走らせ、ときに激しい競争をしながら開発をしていた。そのときの口惜しさは、豊田にとって忘れられないものだった。

「そのときのトヨタは世間から最高利益を褒めたたえられ、賞賛ばかりされていた。でも、一方にある現実はニュルで中古車を走らせていたんだ」

北米市場などでの成功は、もちろんトヨタ自動車にとって極めて重要なことだ。しかし、ニュルブルクリンクでのレースにLFAの試作車で参加していると、自分たちがまだまだ世界で本当に戦えるクルマを持っていないことが分かった。

何しろレースではそれを端的に見せつけられるのだ。その場にいる限り、トヨタはメルセデス・ベンツやポルシェ、BMW、アウディ、フォルクスワーゲンといったメーカーに胸を借りているのが現状であり、そして「世界一」と浮かれる自分たちを尻目に、自動車産業の本丸であるそれらドイツ・メーカーがクルマそのものの性能を日進月歩で鍛え抜いていることを肌で感じずにはいられなかった。それこそが彼らのブランド力の背景であり、自社のレクサスというブランドにはまだ欠けている何かでもあった。

「その世界を昔のトヨタは持っていたはずです。でも、あの頃は売上を出している人が偉いんだ、株価を上げている人が偉いんだ、という方向にどんどんずれていっていたと思いますね。そのなかでは『いいクルマをつくろう』と言う人たちは評価されていませんでした。

ただね、トヨタにはいいクルマを地道につくりたいという思いを持っている現場の人たちが本当はたくさんいるんです。彼らが自信を持って発言できるようにしないといけない。僕はそう思った。彼らが数値目標を追求する人と同じように評価されることが、いまのトヨタには間違いなく必要だ、と」

そんななか、社長就任から三か月後、日本記者クラブでの会見で彼はこう語って周囲を驚かせることになる。

「トヨタは大きくなり過ぎたことで、お客様から遠くなってしまった。それが社長就任時の思いだ」

「若者のクルマ離れと言われる。しかし、若者から離れているのはメーカーの方なのではないか」

しかし、そのように社長としてのリーダーシップのあり方を模索し始めた豊田章男に対して、社内外の反応は様々だった。就任時から彼と接する機会の多かったある社員は、「社長の発言が反発を受けていた時期もあった」とこう語っている。

「数値目標の方に振れ過ぎていた振り子を、社長は真ん中に戻そうとした。そのためには反対側の強いメッセージを出さないと振り子は戻っていかないので、かなり強い言葉でそれを言い続けてきた。ただ、そのメッセージはそう簡単には伝わらないものでした」

就任当初の豊田を取り巻いていたのは、「まずは御手並み拝見」というどこか冷めた視線だった。五十三歳という圧倒的な若さ——これは豊田家出身だからこその若さであり、もし豊田という姓がなければ社長にはなっていない。この〝豊田姓〟に対する冷めた態度がまずあった。

「会社の窮地に出てきたけれど、どうするのか。いいクルマをつくろう？ そんなことじゃ分かりません、もっとスペックで言ってくれないと僕らは分からない……。それが正直な気持ちでした。それにそれほど斜に構えていない社員も、社長の言わんとすることが最初は理解できなかった。これまで台数目標のなかでやってきて『もっといいクルマをつくろう』と急に言われても、自分たちの何がいけなくて、何をどう変えなければならないのかが分からないので動けない。それが当時の社長に注がれていた社内の視線だったんです」

豊田も自身の言葉が、易々《やすやす》と社内外に届くとは思っていなかった。ガズーレーシングや成瀬弘との活動は小さなサークルでのもので、周囲からは「社長の趣味」と思われていることを理解していた。

それだけにそうしたメッセージを打ち出していくことに、微妙な舵取りが必要なことは明白だった。「もっといいクルマをつくろう」という言葉は裏を返せば、数値目標を掲げてきたかつての経営者たちと自分との間に大きな考え方の違いがある、という構図にも捉えられかねないからだ。

それは巨大企業の宿命だが、口さがないマスメディアはこうした話が大好きだし、深層レポートの体裁でその構図を描こうとすることもあり得る。赤字企業に転落した現状では社員が一丸となることが重要であり、その意識改革は慎重に時間をかけて行なわれなければならない。

メディアの取材を積極的には受けないという方針は、そんななかで豊田自身が決めたものだった。赤字企業のトップがテレビや新聞、雑誌に気軽に登場することは社員の士気の低下を招く恐れがある、というだけではなかった。何よりトヨタ自動車が本来大切にしてきた「現地現物」の哲学を取り戻す必要があった。

そのためには社長自らが――かつて豊田英二や父親の章一郎がしてきたように――現場で何が起こっているのかを間近で目にし、ものづくりの最前線で働く技術者たちとのコミュニケーションを深めなければならない。クルマとものづくりを中心に据え、台数や売上が決して先にはならないような経営。ものづくりの現場にこそ多くの時間を費やすトップの姿を見せることなしに、それを社内に浸透させることはできないだろう……と彼は考えた。

「僕は社長になったとき、現場に近い社長でありたいと最初に言いました。現場に来て、創業家がクルマの話をするのは豊田家の伝統です。では、その現場がどこかといえば、やはり技術のある場所。結論がなくてもファクトがある場所が現場です。自動車メーカーである限り、そこをトップが貪欲に拾いに行かないと進歩は生まれない」

豊田はこの頃、記者発表やイベントの企画の方針を裁可する際、社員にこう話したことがあったという。

「どうして君たちは去年と同じことをしようとするのか。この数か月で大きな環境の変化が二つもあったでしょう？　二兆円の営業利益を出していた会社が赤字に転落した。そして創業家出身のトップがついた。それほどの環境の変化にさらされているのに、なぜ以前と同じコミュニケーションのとり方をするんですか。なぜ自分たちを大きく見せようとし続け、クルマを語らずに数字ばかりを語ろうとするんですか」

その言葉からは『台数』から『いいクルマ』へ」というメッセージを浸透させていくに当たって、豊田が就任当初から明確な意志を持っていたことが伝わってくる。

だが、豊田のその改革への試みはすぐに躓《つまず》くことになった。

アメリカのサンディエゴでレクサスES350が制御不能に陥り、乗っていた四人が亡くなる事故が起こったのは、そうした「改革」を始めようとした矢先だった。

二〇〇九年八月二十八日に起きた事故は、高速走行時にアクセルペダルがフロアマットに引っかかって戻らなくなったことが原因だった。当時、衝突寸前まで続いた車内からの悲痛な九一一番の録音記録は全米で視聴され、トヨタ車への不信感は枯れ草に火が放たれたように広がっていった。

企業の成長の速さに人材がついていけていないのではないか——それは彼にとって社長就任時からの懸念が、想定外の形で具体化していく過程でもあった。

トヨタへのバッシングが凄まじい勢いで激化した遠因には、「米国トヨタからのレポートだけでは温度感がつかめず、連日の報道に接している現地の臨場感を肌で感じていなかったため、緊迫感にリアリティを抱けなかった。トヨタという会社が大きくなって、自分たちの現地現物の意識が弱くなっていたことがあったと思う」とメディア対応を行なったトヨタ社員は言う。

後に問題のレクサスES350は販売店が貸し出した代車で、他モデル用の全天候フロアマットが重ね置きされており、そのためアクセルペダルがマットに引っかかり、戻らなくなったという事実が明らかになる。

しかし当時、この事故をきっかけに巻き起こったアメリカでのバッシングはあらゆる憶測を呼び込みながら、トヨタ車の電子スロット制御システム誤作動問題、新型プリウスのABS（アンチ・ロック・ブレーキシステム）問題へと発展した。トヨタは半年で一千万台ものリコールを行なうことになり、豊田は翌年二月、アメリカ議会下院における監視・政府改革委員会の公聴会で証言することになった。

表立って品質問題について語らない彼は日本でも強く批判され、なかには社のテレビCMの「子ども店長」になぞらえて「子ども社長」と揶揄する声すらあった。そんななかでの公聴会への出席は、これまで姿を見せなかった創業家出身の社長が、アメリカでのリコール問題によってついに引きずり出されたという印象を世間に与えた。

豊田は公聴会で「ご存じの通り私は創業者の孫ですべてのトヨタのクルマには私の家名が付いています。私にとって、もしもクルマが損傷を受けたら、私自身が傷ついた思いになります」と語って公式に謝罪し、今後の品質改善を約束した。そして、その後のミーティングでは、現地の販売店や工場関係者の前で涙を流した。

公聴会から豊田市に戻ったとき、豊田はともに渡米した一人の社員に「今度のことで、俺には学びがあるんだ」と言った。

「俺は赤字の大変なときに社長に就任した。それは想定の外だったけれど、こうしてリコール問題も起こっている。就任以来、俺のベースにあったのは会社を守りたいという気持ちなんだ。会社というのは得てして、自分たちの姿を身の丈以上に見せようとする。でも、俺はそういうことには協力するつもりはない。俺は会社を守りたい」

公聴会に出席し、アメリカのマスメディアから集中砲火を受けながら、自分はこう考えるようになったと彼はさらに語り続けたという。

「俺はメディアに出ないことで、ディフェンシブに会社を守ろうとしてきた。夜回りや朝回りだって基本的には受けてこなかった。でも、もし自分がもっと早い段階で顔を見せて、自分がどういう人間なのかを自分の言葉で話していたら、飛んでくる石の数が少しは減ったかもしれないし、つけ入られる力が少しは弱くなったかもしれないといまは思う。だから、これからはきちんと顔を出して話をしていこうと思う。それが俺の学びだ――」

豊田章男の社長としての一年目は、そのように始まった。そして、いわば傷だらけの状態から赤字企業を立て直し、会社を守ろうと腹を決めた彼の心を支えていたものの一つが、成瀬弘とともに歩んだガズーレーシングでの活動の積み重ねであった。

結果的に翌二〇一一年の二月、国家道路交通安全局（NHTSA）がNASAに委託した調査は、トヨタ車の急加速問題について電子系の欠陥があるという証拠はないと結論付けた。これによって一年近くにわたって続いたバッシングは収束に向かう。

そして、いまでも豊田は思うことがある。

世界一の販売台数を獲得した矢先に起こったあのリコール問題のとき、自分は就任したばかりの社長の職を失う覚悟でアメリカの公聴会へと向かった。トヨタという自分の名前が付いた会社を守ることができさえすれば、自分は社会的に消えてしまってもいいと考えていた。だが、あのとき胸の裡《うち》にいる成瀬は、すでに自分のことを救ってくれたではないか、と。

その日、公聴会が終わった夜、豊田はCNNのトークショー「ラリー・キング・ライブ」に出演した。司会者のラリー・キングからの辛辣な質問に答えた彼は、最後に「どのクルマが最も好きか」という質問を受けた。

豊田はそれには直接答えず、こんな言い回しをした。

「私は年に約二百台のクルマに乗っている。クルマが大好きですから」と。

一連の品質問題による大規模なトヨタバッシングが収まり始めたのは、そのインタビューの後だったという実感が彼にはある。全米の視聴者に対してトヨタ自動車の社長が会社経営ばかりに興味を持つ人物ではなく、クルマそのものを愛する男だということを印象付けたからだ。そしてその回答は言うまでもなく、成瀬との日々が彼に言わせたものに違いなかった。

では、その成瀬はトヨタという巨大企業のなかで、どのようなキャリアを歩んできた男だったのだろうか。

第二章
幻の第七技術部

6

成瀬弘がトヨタで働き始めた一九六三年は、日本の自動車史、とりわけモータースポーツの歴史にとって重要な出来事があった年だ。また、それはいずれ成瀬と出会うことになる豊田章男にとっても、思い出深いものとして胸に残っている年であった。

前年の九月に鈴鹿サーキットが完成し、十一月三日と四日の二日間にわたってオートバイによる第一回全日本選手権ロードレースが行なわれた。そして、日本で初めての四輪レースである第一回日本グランプリ自動車レース大会が開催されたのが、この一九六三年の五月三日のことだった。

その日、憲法記念日の祝日の空は爽やかに晴れあがっていた。

前年の二輪によるオープニングレースには一日に五万人以上の観客が押し掛け、鈴鹿サーキットへ向かう雨に濡れた泥道は押し合いへし合いの混雑ぶりだったが、この日はさらにその倍近い人々が日本で初めての四輪レースを見るために集まっていた。三日、四日の二日間の来場者の合計は二十三万人。そのほとんど全員が四輪自動車による本格的なレースを見るのは初めての経験だった。

レースは四〇〇cc以下の軽自動車で争われるC－Iクラスからジャガーの Eタイプが出場する国際スポーツカーのAクラスまで十のカテゴリーに分けられ、アマチュアの自動車好きを中心に百四十九人のドライバーが参加した。

軽自動車クラスに自社のクルマを持ち込んだ鈴木自工（現スズキ）や富士重工などを除くと、トヨタや日産、プリンスといった自動車メーカーはまだ社として本格的に参戦していなかったが、トヨタ社員たちは現地で自社の市販車の走りをサポートすることになった。

トヨタのメカニックが主にドライバーの面倒を見たのは、パブリカやクラウンで出場する「トヨペット同好会」の出場者だった。

その一人として現地で働き、翌年から成瀬弘の上長となる松田栄三は言う。

「レースと言っても当時は市販車しかないわけです。その市販車でサーキットなんて見たこともない一般ユーザーが走るのだから、トヨタとしてもオイルやタイヤをきちっと整備せなあかん、ということでね。変なものを使って焼き付いたり飛んで行ったりしたら危ないし、クルマの評判も下がりますからねェ」

何しろサーキットに行くと「車券はどこで買うんですか」と何度も観客から聞かれる始末で、多くの人々はモーターレースとオートレースの区別もついていなかった。

だが、当のトヨタのメカニックたちにしても――国内外でのラリーの体験がある者はいたが――本格的なサーキットでのレースは初めての経験である。

そこで彼らは自動車評論家の池田英三（日本における最初の自動車評論家といまでは呼ばれる人だ）に教えを請い、社内の粗末なテストコースでクラウンやパブリカを走らせてレースに備えた。

「彼には様々な指導をしてもらいました。私がテストコースを走って、細かいセッティングを変えていくんです。第一回グランプリのレギュレーションでは、使ってもいいパーツは市販されている予備パーツまでだった。そこで少しでも有利に戦おうと、速度の出るアメリカ輸出用のパーツに変えたりしたのを覚えていますよ」

松田のこうした回想は控えめなもので、実際にはトヨタは他社に比べて周到な準備をしてレースに臨んだ。『激闘60年代の日本グランプリ』（桂木洋二著）によれば、トヨタは自販（当時のトヨタは「自工」と「自販」に分かれていた）の宣伝拡張部が対策を練り、自動車評論家の池田英三と契約を結んでレースの知識を事前に仕入れたのも、その対策の一つだったという。また、トヨタ車のチューニングも専門の会社に依頼しており、他の参加者が市販車をそのままサーキットに持ち込んでいるなかで、ディーラーが仕立てた車両を同好会のドライバーに貸す形をとるという念の入れようだった。

こうした事前の準備が功を奏し、本番のレースでトヨタ車はいずれも好成績を残した。深谷文郎のパブリカ（C－Ⅱクラス）、式場壮吉のコロナ（C－Ⅴクラス）、多賀弘明のクラウン（C－Ⅵクラス）がそれぞれ優勝したのである。

そんななか、トヨタにおけるテストドライバーの歴史にとって重要なのは、C－Ⅱクラスの三位に入賞した細谷四方洋《ほそやしほみ》の存在だ。細谷はこのレースの後にトヨタの契約ドライバーとなり、以後、テストドライバーとしても長きにわたって活躍したからだ。そして、成瀬はレースの場でこの細谷を頂点とするドライバーたちのクルマを、メカニックとして整備することになる。

細谷は一位から六位までを独占したパブリカ勢のなかで、唯一「トヨペット同好会」に所属していないドライバーだった。彼は他のドライバーがメーカーの支援を受けている一方で、ただひとり性能の劣る市販のタイヤで出場していた。

「第一回グランプリのとき、ぼくは参加を予定していた知人の補欠ドライバーだったんです。知人は三年前に『日本一周読売ラリー』にダットサン1000で参加していて、そこで二位に入ったという肩書があった。彼はパブリカの中古車を広島のディーラーから借りていたのですが、レース間際にお父さんが病気で倒れてしまって、『細谷、おまえが出たいならこの書類にサインしろ。すべてお前にやるから』とグランプリに出場するための契約書を渡された。だから、僕は全くお金をかけずにプロになったんです」

細谷はレースの一か月前に鈴鹿サーキットを訪れ、広島で借り受けたパブリカを走らせてレース参加資格のライセンスを取得した。

「ただねえ、当時出始めていた性能の良いタイヤは、トヨペット同好会がぜんぶ買い占めちゃっていてさ。パブリカのタイヤは特殊なサイズなので、そうそうどこにでもあるというものではないんです。それで僕は全くのノーマルで走ったというわけ。予選では前のクルマの後ろにぴったりとくっついてコースを覚えて、本番はぶっつけでした」

いまでもレースの模様は全て頭に浮かぶよ。

そう言うと彼は、こう諳《そら》んじて見せた。

「スタートして第一コーナーから第三コーナーまで僕はトップだった。ヘアピン通過は一位。最終コーナーを出ると二台ほど速いのがいて、僕を抜いて行っちゃうんだ。トヨタ自動車のメカニックが細工をしたクルマは、ノーマルの僕のとは性能が違うからね。でも、僕は頑張って第三コーナーまでに抜き返す。だから、コースの裏を回っているときは僕がトップなんだけれど、ストレートでは抜かれる。その繰り返し。それで入賞した三位だから、僕はその結果を誇りにしているんだ――」

『サーキット燦々《さんさん》』の著者・大久保力もまた、第一回グランプリの出場者の一人だった。十代の頃からオートバイのレースに出ていた大久保は、前年の全日本ロードレース選手権にも出場していた。以後、長きにわたって鈴鹿サーキットを走り続けた歴史の語り部である。

その『サーキット燦々』のなかに、建設当初の鈴鹿サーキットには〈間近に迎える高速時代に則した自動車構造診断の役目〉があったという指摘がある。

いまでこそレースと市販車の世界のあいだには明確な線引きがあるが、第一回日本グランプリではその境はとても曖昧だった。

何より日本人にとってクルマを長距離かつ高速で走らせるのはほぼ初めての機会だ。参加者のなかにはナンバーを付けたままサーキットに来てそのまま帰る者はもちろん、〈神社の守り札をしばりつけて走り、危険物扱い〉（同書）された者までいた。

この大久保の実感を込めた指摘が重要なのは、サーキットという環境で走ることはドライバーだけではなく、クルマやメーカーにとっても初めての体験だったということだ。

二日間のレースでは、公道を走っている際は決して現れない様々なトラブルが続出した。

大久保は同書でこう振り返っている。

〈ブレーキが、すぐ減りきって全く止まれない、などはフツーで、カーブで車がロール(傾き)する毎に燃料タンクキャップからガソリンは噴き出す、エンジンシリンダーのガスケット(薄板のパッキン)が破れて突然の白煙とオイルを撒き散らす、ピットに戻ったらドアが開かなくなった、ハンドルが利かなくなる(後略)〉

なかには前輪が外れてしまったクルマや、走行中にフロントガラスがいきなり割れたクルマもあったという。もしこれが二年後に開通する名神高速道路での話であれば、どれもが大事故につながるトラブルだろう。その意味でサーキットで酷使されて初めて生じたこれらの不具合の解消は、自動車メーカーにとって目の前に迫った大衆車の高速化に対応するための重要な経験となったのだ。

クルマというものは、実際に走る「道」によって様々な課題が浮かび上がり、それを解消することで鍛え上げられていく。当時の日本メーカーが体験したこうした環境の変化は、後に彼らがニュルブルクリンクという過酷なテストコースと出会い、そこをスポーツカー開発の現場として活用していく過程とも重なるものだ。

また、翌年の第二回日本グランプリに本名の杉江博愛の名で参戦した徳大寺有恒《ありつね》は、『ぼくの日本自動車史』のなかで、名神高速道路の全線開通まで日本の自動車メーカーは高速性能を考慮していなかったと指摘し、さらにサーキットについてもこう書いている。

〈鈴鹿サーキットが登場するまで、各自動車会社もテストコースを持っていることは持っていた。しかし、サーキットコースとテストコースでは根本的に違う。テストコースでは基本的に加減速がない。ところがサーキットでのレースでは、加速してシフトアップ、ブレーキングしながらシフトダウン、ふたたび加速してシフトアップと、加速とブレーキングをいやというほどくりかえす。そして最高速度を出した直後にフルブレーキングと、自動車にとってはきわめて苛酷な走行条件だ。サーキットは自動車の総合技術を磨くうえで、ほんとうに重要なのだ。

いまやモータースポーツは、ただの見せ物と化してしまったが、六〇年代から七〇年代にかけての日本のモータースポーツ界は、まさに明日の市販車のテスト場という感じだった。鈴鹿サーキットはどれだけ日本車の性能アップに寄与したか、その功績にははかり知れないものがある。

つまり、〈メーカーは、改めてサーキットは過酷なテストコースであるのを身をもって知った〉（『サーキット燦々』）のである。

第一回日本グランプリは自動車メーカー、ドライバー、延べ二十万人を超える観客たちにとって、このように全てが新しい体験だった。

壊れるクルマ、ドライバー同士の殴り合い、さらには数か月後にドライバーが死亡したクラッシュまで発生し、運営上の様々な不備もあった。レース前に開かれた講習会では〈レースなんていうのは、前を走るクルマにぶつけて、相手のドライバーをぶっころしてもかまわないものなんだよ〉(『激闘'60年代の日本グランプリ』)などと言う者もいたというから、その未成熟で野蛮な雰囲気は推して知るべしである。

だが、異様な熱気とともに過ぎ去った二日間は、結果的に日本の自動車史に燦然と輝く記念すべき日となった。それはサーキットに押し寄せた人々、そして、その熱気を間近で感じ取った自動車メーカーの人々にとって、本格的な自動車文化が日本に花開こうとしていることを予感させたのだった。


戦争や労働大争議を知る職人肌の先輩たちに囲まれ、新型コロナの開発をオイルにまみれながら行ない始める成瀬弘は、鈴鹿サーキットで繰り広げられたそのようなお祭り騒ぎを、どのように受け止めていただろうか。

トヨタから日本グランプリに出向いた社員のなかにまだ新人である彼の名はもちろんない。

だが、幼い頃から木炭車のエンジンや走る姿に魅せられ、自動車の整備士という目標を追いかけてきた彼は、実験部の先輩たちが交わすレースの話題に胸を熱くしていたことだろう。そして、願わくは自らの入社したトヨタの自動車がサーキットを走る姿や、イギリス製のスポーツカーが風を切って駆け抜ける様子を間近に見たかったはずだ。

彼は記念すべきグランプリレースに直接かかわることはできなかったが、翌日の職場では鈴鹿から戻った社員たちの口からレースの模様が伝えられていた。

「勝ったぞ。うちのクルマが勝ったぞ」

鈴鹿に行かなかった社員が「勝ったとはいったいどういうことだ」と聞くと、「なに言っているんだ。鈴鹿でのレースに勝ったんだよ」と興奮冷めやらぬ様子で彼らは言うのだった。

第一回日本グランプリでのレースはアマチュア自動車愛好家たちのものであり、それを「トヨタの勝利」と呼ぶことは必ずしも正しい認識ではなかった面もある。だが、そこは「石橋を叩いても渡らず、他人に渡らせる」という三河商人らしく、トヨタ自販は日産やプリンスといった競合他社を出し抜くように、抜け目なく「第一回日本グランプリ優勝」の文言を宣伝に使った。

〈トヨタ車　出場全種目に優勝。クラウンも　コロナも　パブリカも〉

そんな文言を躍らせたポスターが販売店に貼られ、テレビCMでもレースの結果を大々的に活用した効果で、主力三車種の売上は予想以上に伸びた。レースでの「勝利」が販売台数に直接結びついていることを彼らは実感したのである。

そのため翌年の同じ五月に予定される第二回日本グランプリに向け、それまで様子見をしていた各社は本格的にモータースポーツに参戦することを決めた。その顔ぶれはトヨタのライバルの日産やプリンス、そして、同年にF1への出場を発表した本田技研、新三菱、東洋工業（後のマツダ）、富士重工、鈴木自工、日野と国内の自動車メーカーが一堂に会するもので、いかに第一回日本グランプリの衝撃が大きかったかが分かる。

そんななか、トヨタは自工・自販の合同でスポーツ委員会を作り、本格的にレース活動の準備を始めた。彼らは本社の敷地内に「Sコース」と呼ばれる鈴鹿サーキットを模したテストコースを建設し、レース用車両の開発にとりかかった。チームのリーダーには、後にトヨタ2000GTの主査を務める、車両開発を統括する製品企画室の課長・河野二郎が選ばれ、早速、チームやマシンの技術責任者であるレースエンジニアと、その指示に従ってクルマを整備するメカニックの人選が始まった。河野は人事担当の佐々木真平とともに、新人からベテランまで各部署からこれはと思う人物を選んでいった。

チームの実務を担当した松田栄三は言う。

「当時のトヨタのファクトリーチームは自工だけではなく、結果的に自販、ヤマハ発動機、ダイハツ、日本電装などからも広く人材が集められた混成部隊になりました。チームを作る際に河野さんは、『金は使ってもいいが、人は使うな』と言われたそうなんです。トヨタ自工の技術者や設計者は大事な量産車の仕事をやっているから、レースに人を使いすぎるな、と。でも、そこで集められたのは、みんな大のレース好きばかりでした」

そうしてトヨタのレース部門結成のため、各部署から集められたメンバーは総勢二十名。そこに自販、トヨペットサービスセンター、ダイハツからの六名が加わった。成瀬弘はメカニックの一人に選ばれ、モータースポーツの世界に足を踏み入れることになった。

一癖も二癖もあるクルマ好きが集まったこの混成の部署は、しばらくして「第七技術部」と名付けられた。第七技術部はトヨタのなかでいまも伝説的な存在で、当時の若い社員の憧れの的であると同時に、同社のモータースポーツの車両開発、レース活動の全てを担った部署だ。成瀬は新人のメカニックとして、トヨタのモータースポーツ史の黎明期の姿を目撃する機会を得たのである。

成瀬が豊田章男という当時八歳の少年を初めて見たのは、そうして鈴鹿サーキットで開催された第二回日本グランプリでのことだったはずだ。

それは「出会い」と言うよりは、成瀬が豊田家の御曹司を目にしただけの一方的なものだった。豊田章男は第一回日本グランプリから章一郎に連れられ、トヨタチームのレースを観戦してきた。第一回日本グランプリでクラウン、コロナ、パブリカが各クラスで優勝したとき、まだ幼い彼にはレースとは何かもよく分からなかったが、

「勝った、勝った」と章一郎や周囲にいたトヨタの社員と無邪気に喜んだ思い出がある。

特に記憶に残っているのは、富士スピードウェイで開催された第三回日本グランプリだ。レースには驚くほど大勢の観客が詰めかけ、彼はトヨタのピットで間近に開発されたばかりのトヨタ2000GTを観察し、ライバルである日産のフェアレディSやプリンスのR380が長いホームストレートを疾走していく姿を見た。

大人ばかりのパドックに一人だけいる少年——章一郎の息子を見て、成瀬は何を思っただろうか。

豊田章男は言う。

「あの日はレースが終わった後に渋滞しちゃって帰れなかったんだ。サーキットから出るのに五、六時間かかって、名古屋インターにやっと帰ってきたときには、真っ赤な日の出が見えた。一晩かけて帰ってきてすぐに、親父が会社に行ったのが印象的でした。成瀬さんは僕のことを、そうしたレースの現場で初めて見たはずなんだ。それは一つの不思議な縁だよね。その後、何十年も経ってから僕らの距離がぐっと近づき、そして離れていったのだから」

7

トヨタ自動車が利用する車両開発の施設に、そんな日本グランプリの痕跡を色濃く残すテストコースがある。それは彼らが「ヤマハ」や「袋井」と呼ぶ一九六九年に完成したコースで、トヨタにエンジンを供給するヤマハ発動機の所有するものだ。

一周約六キロメートルのその試験場は、立体交差のある8の字状のコースレイアウトが取られている。黎明期の日本グランプリ対策のために鈴鹿サーキットを模したスプーンカーブやシケイン（走行速度が速くなりすぎることを防ぐコーナー）などが意図的に配された。開設直後に当時のトヨタチームのレーシングドライバー、福澤幸雄が開発中のトヨタ7で事故死したことでも知られるいわくつきのコースである。そこは様々な試験路が整備された東富士研究所と並んで、先行開発を行なう同社の研究拠点でもあり続けてきた。

ブリヂストンタイヤの技術サービスを担当していた井出慶太は、この袋井テストコースで初めてレーシングスーツ姿の豊田章男を見た。

二〇〇五年頃の話である。

その日、コースには五〇メートル間隔で赤いカラーコーンが並べられていた。使い古されたFR(後輪駆動)のスポーツカー・A80型のスープラに乗った豊田章男は、アクセルを目一杯に踏み込んで最初のパイロンまで走ると、フルブレーキングで決められた前方のパイロンまでに止まる練習をしていた。直列六気筒の三リットルエンジンが厚みのある滑らかな音を響かせ、二速から三速、そして四速へとシフトアップされていく。その瞬間、クルマはタイヤを鳴らしながら減速を始め、辺りにゴムの焼けた匂いがうっすらと漂った。

井出が戸惑ったのは、そのような基本的な訓練が何度も繰り返され、長い時間が経ってなお「もう一度」「もう一度」と続けられることだった。

何しろ運転席に座っているのは、いずれトヨタ自動車の社長になるかもしれない創業家出身の男なのである。

「カーメーカーさんのトップがクルマを語れることは、私たちサプライヤーにとっても素晴らしいことです。ただ、クルマのチューニングを頼まれてテストコースに来ただけの当時の僕がまずイメージしていたのは、豊田さんが『どんな出来かな』と物見遊山に来られるということだった。だから、彼が自分でハンドルを握って繰り返し練習している様子を見て、僕は良い意味で期待を裏切られた気持ちになりました。それが『道楽』と呼ぶには、あまりに真剣な様子だったからです」

そのとき豊田の傍らには、スープラのウィンドウ越しに何事かをアドバイスしている成瀬弘の姿があった。

以前から成瀬をよく知る井出は、彼がよくこう語っていたのを思い出した。

「クルマメーカーのトップがクルマを運転できないなんてありえないだろ？」

井出が成瀬と深く付き合うようになったのは、ブリヂストンに入社して七年が経った一九九七年の頃だった。

一九八八年に大学の工学部機械工学科を卒業した井出は、野村證券の証券マンを経てブリヂストンの技術系の部署に転職した異色の経歴の持ち主である。

転職一年目に配属されたのは市販車用のタイヤの先行開発グループで、同社がまだ取引を開拓できていなかったダイムラーやＢＭＷに提供するためのタイヤ開発に従事した。

井出が成瀬と初めて接点を持ったのは一九九六年、トヨタ車向けのタイヤ開発を行なう部署に移ったからだった。当時、成瀬は開発中のいくつかの車種の「乗り味」を最終的に吟味する役割を担っていたため、テストコースで頻繁に顔を合わせるようになった。

成瀬はときおり見せる控えめで照れ臭そうな笑みが印象的だったが、普段はトヨタのメカニックらしく寡黙な男だった。だが、彼は井出がブリヂストンの技術サービスだと知ると、身にまとったぶっきらぼうな雰囲気をやんわりと解き、打ち解けた言葉づかいでタイヤの課題などを話すようになった。井出は自動車メーカーとサプライヤーという垣根を全く感じさせず、技術者同士の対等の立場で真摯に語り掛けてくる成瀬に好感を持った。

あるとき成瀬は井出に言った。

「クルマをつくっていく上では、タイヤをいかにうまく使うかが何より大事なんだ。まずタイヤが決まって、そこからクルマをつくっていくんだ」

これは成瀬が影響を受けたと自ら語るレーシングドライバー・黒沢元治が、「運転」を理論的に解説した名著『ドライビング・メカニズム』の記述とも共通している哲学だろう。ハンドルから伝わる自動車の挙動を指す「ステアリング・インフォメーション」という言葉を広めた黒沢は、こう書いている。

〈(筆者注・あらゆるドライバーはプロ・アマを問わず)無意識のうちにタイヤから情報を得てドライブしていることに変わりはない。雪道は滑りやすいとか、ゴツゴツした乗り心地がするといった感じ、パンクに気が付くのもすべてタイヤからの情報によって判断しているのである。

主にタイヤから情報を得る事、その情報すべてがステアリング・インフォメーショ

ンであり、その情報をもとにして運転するべき、と考えるのが私のドライビング理論である〉

例えば黒沢はタイヤの開発ドライバーを務める際、このステアリング・インフォメーションを「アンダーステア量」「オーバーステア量」「操舵力」「保舵力」「レスポンス」「プレシジョン（正確さ）」「グリップの高さ」「全速度域でのスタビリティ」といった三十項目に分けて評価してきたという。ステアリングに現れるクルマの状態は、常にタイヤから伝わってくる。よって使用するタイヤを決めることが、最終的な車両のセットアップを行なっていく際の基本となる。成瀬はこうした考え方を井出に語ったわけだ。

ちなみに、「気持ちがいい」「安定感がある」と感じるクルマについて、なぜそのように感じられるのかを、黒沢は自身が高く評価するメルセデス・ベンツの例を挙げてこう続けている。成瀬のようなテストドライバーが何をしているか、彼が豊田にどのような世界を伝えたかったのかを理解する上での参考になるのでここで紹介しておきたい。

〈具体的には、サスペンションのコンプライアンス側に取り付けられたラバーブッシュの最適設計・製造があげられる。ストローク側、つまり上下の動きは意外に許しているのだが、横力と前後力に対しては、がっしりとサスペンションの不要な動きを固めている。メルセデスはボディ剛性が高いとよく表現される。高いには高いのだが、案外ボディは捻れを許しているのだ。しかしそれをラバーブッシュの固さで補い、情報の伝達性を高めている〉

テストドライバーはクルマの何を感じ取りながら運転しているのか——ホンダ・NSXの開発ドライバーであり、ブリヂストンのテスターを長く務めた黒沢ならではの表現力と批評的な視点が、その一端を垣間見せてくれている文章だ。

自動車という工業製品は数え方にもよるが、約三万点の部品によって組み上げられている。走行時はそのほとんどが機能し、お互いに関係・干渉し合いながら、タイヤを通じてドライバーに情報を伝える。

それぞれの部品はときにそれぞれの性能を打ち消し合う関係にある。

例えば、黒沢が例に挙げるサスペンションに取り付けられたゴム部品のブッシュ（隙間を埋めたり、緩衝材として用いたりする円筒形の部品）。それが柔らかければ路面の凹凸を吸収する一方で直進性や操作性が悪くなるし、固ければ乗り心地が悪化するだろう。

だが、一個の部品を取り替えれば、他の部品にも影響が及ぶため、そこには無限の可能性が存在している。自動車会社のトップクラスのテストドライバーは、そのなかで絶妙なバランスやより良い乗り心地を、車種ごとに追求していくエキスパートである。

「自動車の味付けって究極の料理番組なんですよ」

とは成瀬弘と親交の深かった日産のテストドライバー・加藤博義の言葉である。

「いくら言葉で美味しいと言っても伝わらないでしょ。それを砂糖を少々、塩を少々とやって素材の埋もれている素晴らしさを引き出していくんです。『僕らが食べたい味はこれだ』といくら言っても、いまの技術ではまだ完全には数値化できないですからね」

さて、井出が成瀬と深くやり取りを交わすようになったのは、そんな出会いから一年後のことだった。

一九九七年にトヨタがコンパクトSUV・RAV4でモンテカルロでのEV（電気自動車）ラリーに参加した際、装着するタイヤの設計者として彼はモナコやパリに同行した。レースが終わってささやかな打ち上げが行なわれた後、井出は成瀬に誘われてホテルの上階にあるラウンジでしばらく話をした。

成瀬は夜景を見ながらタイヤの特性について熱心に語った。次第に話は六〇年代から七〇年代にかけてメカニックとしてかかわったレースのこと、クルマのボンネットに水を入れたコップを乗せて運転の練習をしたことなどにも広がり、そして、車両をバラしてはワッシャー一枚、バネ一枚を抜いたり加えたりして挙動の変化を学んだものだと成瀬は懐かしそうに振り返った。

酒を飲まない成瀬は酔ってはいないはずだったが、少しずつアルコールが体に回っていた井出につられるところもあったのだろう、彼は河内弁交じりの口調でトヨタへの不満を漏らすこともあった。

「だいたいトヨタの部長なんて何にも仕事してねえ。役員も資料を作っているだけだろう?」

一九九七年は初代のプリウスが発売されたトヨタにとって記念すべき年だった。二年前に豊田達郎から社長の座を受け継いだ奥田碩のもと、社内では改革が進められていた。

当時のトヨタはハイブリッド車の実用化を一気に進めたが、一方でスポーツカーのラインアップはこの頃になって明確に消えつつあった。入社以来、トヨタのモータースポーツやスポーツ系車両の開発に携わってきた成瀬にとって、それは面白いことであるはずがなかった。井出はそのいらだちを彼の言葉から感じたものだった。

もちろん成瀬は単にスポーツカーの開発がなされなくなったことに、不満を覚えているわけではなかった。トヨタのつくるクルマが売れるのはいい。だが、その「売れるクルマ」がどのような姿勢のもとにつくられているかが問題だった。

成瀬はよく「クルマは料理と一緒で、素の状態が美味くなければ本当の良さは出ない」と語っていた。

「蕎麦が不味ければ、いくら天ぷらをのっけても意味はないんだ。ワンボックスでもコンパクトカーでも、クルマは素の味を追求して初めて良くなる。家族だけではなく、運転手も一日、気持ちよく走れるクルマを目指さなければならない」

つまりどんな自動車にもまずは基本となる素の味があり、室内の使い勝手や豪奢さ、四輪駆動などの制御システムは後から追求すべきものだ、というわけだ。

後に成瀬はモータージャーナル誌『XaCAR』の編集長（当時）で、日頃から親交のあった城市邦夫（現『CARトップ』編集長）の前でこう話している。

「僕はある金額を出して買った人が、それ以上の価値があると思ってくれるようなものを提供したいんです。例えば『このクルマは五百万円もするんだから、こんなものだろう』と思われてはいけない。そのためには我々が魂を込めて、コンピュータではじき出せないレベルの気持ちのいいクルマをつくることが必要なんです。

クルマと会話をするんですよ。計算は間違っているか合っているかだけですからね。我々は会話をしながらモノをつくっていく。クルマは生き物なんですよ。計算だけではできない。ところが、計算だけでつくっているクルマがある。それは家電です。対話をしていないから、家電になるんですよ」

クルマというものは「ただ売れればいい」というものではない。だが、いつからかトヨタは現場で「いいクルマをつくろう」としている人々の存在を忘れ、コスト的に優れているだけの「儲かる商品」ばかりに力を入れ過ぎているのではないか。

成瀬は「感性評価の達人」と言われていた。自動車の性能は多くが数値化されるが、最終的に運転した際にどう感じるかという問題になると、数値やデータでは表現できない領域が残る。

ドライバーが運転することに楽しさを抱くか、意のままにクルマを操れているという感覚があるか、四本のタイヤがしっかりと路面を捕えていることが伝わってくるか……。彼は様々な開発車の最終的な評価を依頼される度に、そうした理想に近づけるためのアドバイスや課題を開発チームに話してきた。

だが、一九九〇年代の中盤以降、トヨタはそのようなクルマづくりに価値を置かなくなりつつあった。同社の東富士研究所に勤める複数のエンジニアは私に対して、成瀬が亡くなってから一年後に忸怩《じくじ》たる思いをこう語っている。

「この十年、会社が大きくなっていくなかで、コンピュータ上でクルマをつくることができると信じてしまったところがあります。図面は簡単に描け、図面ができればその通りのものができ、部品と部品を集めればそれで一個の製品ができる。しかもそれが売れた。でも、そうしたつくり方は成瀬さんの理想とはかけ離れたものでした」

「毎年六十万台というペースで世界中に会社の規模が拡大していったとき、我々は目がくらんでいた。同じようなクルマを仕様を変えて出す、別の国にはまた仕様を変えて出すという形で、新しい魅力ある商品を次から次に開発する雰囲気がなかった。そんななか、成瀬さんは『欧州のクルマに負けたくない』という気持ちをずっと持ち続けていた」

この時期、成瀬は試乗会などがあると、新型車の乗り味の問題点を指摘する自動車ジャーナリストに「うちの連中はヒラメみたいに上ばかり見てる。俺が言っても聞かんから、外の声として思っていることを言ってくれ」などとぼやくことがあった。

「社内では喧嘩ばかりしていた人だったでしょうね。でも、踏んづけられるほど土に生える野菜はうまくなるんだ、俺は絶対に頭は下げねえぞ、なんて言っていたものですよ」

成瀬と親交が深かった自動車ジャーナリストの瀬在仁志はこう述懐している。

「世界一の販売台数」へ向けて拡販を続けるなかで、トヨタは「ものづくり」の原点を置き去りにしてしまったのではないか――それが「運転のことも分からない人に、クルマのことをああだこうだと言われたくない」と豊田を挑発するように言った、当時の成瀬の思いだったのである。

「あの頃のトヨタは銀行みたいなものだったでしょう？」と成瀬はある記者に言った。

「このクルマだったらいくら儲かる、と算盤を弾くばかり。元気良くＦ１もやり始めたけれど、僕らから見ると時期尚早だと思いましたね。なんでいきなりF1なのか。F1はお金を払うだけで身内の技術者があまり活用されないから、人が残らないんです。トヨタの現場には真剣にいいクルマをつくろうとしている人たちがいる。そのことを知らしめるための旗が必要だったんですよ」

その意味で豊田章男はその「旗」になり得る成瀬にとっての希望だった。

例えば、彼が二十代前半のときに行なわれた2000GTの開発は、豊田英二の存在なくしてはあり得ないものだった。「トヨタでも世界に通用するスポーツカーをつくれること」を2000GTで示そうとした英二は、ときおりガレージに来ては自らもオイルにまみれたボルトを手にする男だった。

また、それほど目立つことはなかったが、章一郎も開発の現場を大切にする人だった。彼が社長を退いてからもヤマハや東富士のテストコースを訪ね、発売される前の新型車の全てに試乗してコメントを残すのは、現場の社員であれば誰もが知ることだった。

その際の章一郎のドライバーとしての腕やクルマからのメッセージを感じ取る感性を、成瀬は一人のテストドライバーとして高く評価していた。成瀬が豊田章男に運転教育を施すことになったもう一つの理由には、彼が役員になった際にこの章一郎から「クルマのことがまだ分からんから教えてやってくれ」と電話で直接頼まれたからでもあった、という話もある。

成瀬は「豊田家」というものに対するある信頼のような思いを、前述の『XaCAR』のインタビューのなかでも語っている。

「豊田家というのはもともと職人なんです。でも、五十年前から続いていたその伝統が忘れられてしまったんです。章男さんはレースをやってメディアに出て来ちゃったからいろいろ言われるけれど、英二さんや章一郎さんとものづくりに対する姿勢は全く変わらないと僕は思いますよ。章男さんは当時から『こんなクルマづくりをやっていてはダメだ』と言っていたから。

僕は彼に『とにかくクルマというのは乗って気持ちのいいものだよ』と言いたかった。ただ売って儲かればいいというのではなく、自分で乗ってその気持ちよさが分かる評価ドライバーになってほしかったんです」

8

豊田市トヨタ町一番地に広がるトヨタ自動車本社。その敷地の東端の外山工場に、バラック建ての倉庫のような建物がかつてあった。

風が吹けばトタンが音を立てる粗末な建物だったが、そこは当時、若い社員にとっての憧れの場所だった。トヨタのファクトリーチームが車両開発を行なう第七技術部があったからである。

例えば、一九六七年の春のある日のことだ。

車両試験課に配属されたばかりの新人社員だった竹平素信は、昼休みに食堂へ向かおうとしていたとき、テストコースから甲高い排気音が聞こえてくることに気付いた。

普段、自分が走行試験をしている開発中の二代目カローラとは違う、胸を昂ぶらせる厚みのある爆音。これを聞かされては、居ても立ってもいられない——竹平はそんな若者の一人だった。

「おう、何だ、何だ」

彼は同期の同僚と顔を見合わせ、楽しみにしていた昼食のことも忘れてテストコースへと走った。

すると、そこではトヨタ2000GTが周回しており、ピットには赤いつなぎを着た第七技術部のメカニックたちが、何かの作業を真剣な面持ちで続けているのだった。

通常、本社の広いテストコースでは量産車の試験が行なわれている。だが、もう一方の外山工場のコースはあまりに小さかったため、彼らは量産車がいない時間帯を狙ってレース用車両を持ち込んでいたのである。

専門学校に通っていた頃から憧れていた流線型のスポーツカーが、若いメカニックの血をたぎらせるような音を立てて走り抜けていく。

「かっこいいなァ」

トヨタにはこんなことをやっている奴らがいるんだ――。

竹平はそう思って胸をときめかせ、文字通り目を輝かせて見つめ続けた。

一九四七年に愛知県新城市に生まれた竹平が、クルマに熱中し始めたのは高校を卒業してすぐのことだった。

もともと子供の頃から機械いじりが好きで、友人のスーパーカブを借りて田舎道を走るのに熱中した。そんななか、地元の普通科高校を卒業した彼は、生徒の多くがトヨタ自販のディーラーに就職する名古屋市の自動車専門学校に進学し、二年間の寮生活を送った。

自動車の専門学校には全国から生徒が集まっており、熱狂的な自動車マニアの同級生も多かった。

「おい、竹平。一緒に行こうぜ」

彼らはお互いを誘い合うと、レンタカーで深夜の名古屋市郊外を走り回ることがあった。自動車雑誌を持ち寄って飽きることなく話す彼らに誘われ、竹平は鈴鹿サーキットで開催されるレースにも足を運ぶようになった。

排気ガスやオイルやタイヤの焦げる匂い、各メーカーがしのぎを削って争う闘いの現場に、彼はたちまち魅了された。特に心に焼き付けられたのは、通称ヨタハチと呼ばれるトヨタ・スポーツ800と、同じくエスハチと親しまれたホンダS800のデッドヒートだった。

発売されたばかりのトヨタ・スポーツ800は、最高出力四十五馬力の小型スポーツカー。ホンダS800は一九六五年に本田技研が発売したS500の流れを汲むもので、縦置きの水冷式直列四気筒DOHCエンジンは七十馬力を誇った。

彼らは鈴鹿サーキットに向かうと、トヨタとホンダの対決を手に汗を握りながら観戦した。

竹平は鈴鹿サーキットを激走するトヨタ・スポーツ800を見て、「カタログでは馬力がずっと高いエスハチが、どうしてパワーのないあんな空冷二気筒のヨタハチに負けるんだろう」と不思議でならなかった。

ヨタハチはエスハチに比べてずっと非力だったが、軽量さと空力の良さに加え、モータースポーツにおける主力車種としてトヨタが力を入れている車両だった。いずれレースの場での熟成が進むとエスハチは圧倒的な速さでトヨタをリードするが、発売当初はヨタハチが一歩リードしていた。

「やっぱり空気抵抗がよくて、クルマが軽いんだな」と彼は思いながら、バラバラと音を立ててホームストレートを走り抜けていくヨタハチを眺め、エスハチの迫力あるエンジン音に胸を躍らせたのだった。

そのようにレースに夢中になるに連れて、彼は専門学校を卒業してディーラーへ就職することに、飽き足りない気持ちを抱くようになった。やはり自動車を実際につくり、走らせる現場で働きたい。母方の伯父にトヨタ本社で働く社員がいたこともあり、彼はトヨタ自工への就職を強く志望し、結果的に技術部車両試験課へ配属されることになったのである。

彼が入社した年の車両試験課では、ちょうど二代目となるカローラの開発テストが始まっていた。

一九六六年に発売された初代カローラ――主査を務めた長谷川龍雄が「八十点主義＋aの思想」と呼んだこのクルマは、いざなぎ景気の「三種の神器」を象徴する一台だった。幅広い層を狙ったファミリーカーで、搭載されたエンジンはパブリカとコロナの中間である一一〇〇ccだった。竹平が携わった二代目のカローラはこの排気量が一四〇〇ccとなり、一九六九年の東名高速の全面開通という時代背景のなかで、燃料タンクの大型化が図られた。東名（名神）高速の東京—西宮間は約五四〇キロメートル。その距離を給油することなしに走れることをアピールポイントにしたのだ。さらに二代目ではスポーツタイプの「カローラ・レビン」も開発され、TE27という型番を持つレビンはレース愛好家に長く愛されるようにもなる。

開発車両のエンジンやサスペンションなどに改良が加えられると、竹平は本社の小さなテストコースでクルマを走らせた。

部品を組み付けたり外したりすることも楽しかったが、何より彼は実際に自分がクルマを運転する仕事につけたことが嬉しかった。

テスト走行では会社の敷地を飛び出し、郊外を走ることもあった。

耐久性、ブレーキ、走行安定性能。テストコースやそれぞれの項目にはドライバーのランク付けがあり、クルマの限界を試すような試験にはまだ携われなかったが、それでも彼はこの会社に入ったことに満足した。

「制限はあるけれど、クルマを走らせられるだけで十分。同じトヨタ自動車の技術部内でも、自ら開発車両を走らせる仕事をやっている人はほんの一部です。だから、そこにまず入れただけで、もう本当に満足だったんです」

彼が昼休み中のテストコースで、2000GTの排気音を聞いたのはまさにそんなときだった。

「あの『ふわーん、ふわーん』という音が聞こえるわけですよ。それで仲間と一緒に外山工場を見に行ってみれば、ジャガーやロータス・エランが置かれているわけです。『こんなところにジャガーがあるよ』『こっちにはロータス・エランだよ』と大騒ぎしてさ。なるほど、こういう外車をモチーフにして、トヨタ2000GTもつくったのかとだんだん分かってきますよね。すると――」

カローラをテストコースで走らせていれば満足――という気持ちは徐々に薄れ、二十代のクルマ好きの情熱が刺激されずにはいられなかった。

2000GTを走らせている第七技術部の面々は、トヨタチームの象徴である赤いつなぎを着て仕事をしている。そのなかには後に出会う成瀬弘の姿もあり、竹平は少数精鋭で社のレース活動を担う彼らの姿を見つめながら、同僚とともにやはり目を輝かせた。

「これこそが究極の仕事だ」

と、彼は思った。

「トヨタに入る前から休みになると鈴鹿サーキットへレースを見に行っていたし、いつかはそういう仕事もしてみたい、できれば走ってみたいという思いがどこかにあったわけです。でも、当時はそんな職場はないから、とりあえず地元のトヨタ自動車に入社した。すると、そこにモータースポーツをやっている部署があったのだから、どんどん気持ちが燃え上がっちゃった。以来、僕は七技に移りたい、移りたい、って上司にことあるごとに言うようになったんです」

しつこいほどの異動願いが功を奏し、竹平は入社から二年後に希望通り第七技術部へ異動することになった。

彼が入社したときは外山工場のバラックにあった第七技術部は、静岡県袋井市に建設されたヤマハ発動機のテストコースに開発の舞台を移していた。

この頃、念願の七技への異動に胸を躍らせていた竹平の気持ちとは裏腹に、トヨタのモータースポーツは大きな曲がり角を迎えていた。

鈴鹿から富士スピードウェイに移された日本グランプリの戦いでは、プリンスと合併した日産のR38シリーズ(「スカイラインの父」と呼ばれた桜井眞一郎が中心となって開発したプロトタイプのレーシングカー)が強さを見せ、トヨタもまた同じくプロトタイプの「トヨタ7」の開発を加速させてそのあとを追いかけていた。「グループ7」と呼ばれるカテゴリーで戦う彼らのレーシングカーの馬力は上がり続け、最終的には五リッターエンジンで八百馬力を超えるまでになっていった。

成瀬もそのような開発競争のなかで働いていたわけだが、袋井テストコースが開設された一九六九年二月、トヨタのドライバーとして絶大な人気を誇っていた福澤幸雄がテスト中に事故死した。さらに一年半後には同じくドライバーの川合稔が鈴鹿サーキットで亡くなることになる。

これらの事故はレース界全体に深い影を落としていたし、また、一九七三年から始まるオイルショックという背景もあり、いずれ日本のモータースポーツは一つの時代を終えていく。その意味で竹平が第七技術部で体験したのは、日本のモータースポーツの黎明期が夏の花火のように大輪を咲かせ、そして一つひとつの火が消えていく最後の時期だった。

彼はその日々を濃密に過ごした。

「七技に入ったときにまず感じたのは、そこにいる集団がみんなクルマをめちゃくちゃ愛していて、走るのも機械を触るのも大好きな人たちだということ。それはもう、雰囲気だけでもすぐに分かった。クルマが好きで、走るのも上手。そういう集団ですよ。とにかく速いクルマをつくることへの情熱が、一緒にいるだけで伝わってきた」

それはトヨタ本社の技術部で量産車を担当していた者にとって、あらゆることが異質な職場だった。

第七技術部は先にも述べた通り、トヨタ自工のエンジニアだけではなく、自販、エンジンの開発を担うヤマハ、ダイハツなど各社に跨る混成チームだった。彼らはレースが近づくと昼夜兼行で仕事を続け、深夜にレース車両をキャリアカーに乗せてサーキットに向かうこともあった。

このとき竹平が感じた「情熱」とは、メカニックたちのレースにかける矜持のようなものでもあった。

とりわけ第七技術部の創設初期からレースにかかわるメカニックたちは、クルマを操ることとそのものに対して、プロドライバーに負けず劣らずの自信と誇りを持っているようだった。

一例を挙げると、チームで班長の一人を務めていた平博はこう振り返っている。

「家庭のことも忘れて、一日に二時間、三時間しか寝ずに仕事をする日々がときには何か月も続いたものです。第二回グランプリの頃なんかは、鈴鹿まで陸送でクルマを運んだこともありました。国道一号線なんかでメカニックたちが思わず熱くなって競ったものだから、警察に睨まれたりした。そもそも当時は市販車も含め、一般道の両端を止めて燃料消費からブレーキまでテストをしていました。箱根での登攀試験でもかなり速いタイムを出していたので、我々も運転に自信があったんです」

平は日本グランプリで池田英三からサーキット走行のレクチャーを受けた際、鈴鹿サーキットを全開で走って先導する池田を追い抜き、あとで「トヨタにはえらいバカがおる」と言われた人物だった。よって平のようにトヨタの戦後の黎明期から現場で働くメカニックは、「あんなへなちょこドライバーより俺の方が速い」とドライバーの陰口を叩いて憚らない者もいたという。

「二度、三度とレースに出場するうちに我々のプロドライバーを見つめる意識も変わっていきましたが、最初の頃は自分たちの方が速いと思っていたし、事実、そうだったように思います。まァ、いまから振り返れば、ただただ好きでのめり込んでおったわけでね。レースには中毒性があるっていうのかな、一度のめり込むと抜けるのが難しいから」

第七技術部に異動して以来、竹平は必死になって日々の仕事を覚えようとした。仕事は確かに忙しく、レースが近づくと徹夜が続く日もあった。しかし、専門学校時代から大好きだった念願のモータースポーツに、自分が携われていることが夢のようだった。

「とにかく毎日が新鮮でさ。あまりにもエキサイティングなので、ずっと感動しっぱなしだったんだ」

と、彼はそれがいまでも昨日のことであるかのように話す。

トラックにマシンを乗せてテストコースに行くこと。トヨタ7のエンジンがかかり、腹の奥底に響くような排気音を間近で聞くこと。そのようなマシンに直接手を触れ、ボルト一本を締められるだけでも嬉しかった。

「あの頃の僕らはレーシングカーをつくるといっても、ほとんど見よう見真似みたいなところがあったんだ。特にトヨタなんかノウハウがないから、アメリカにこんな部品や技術があったと聞けば持ってきて、真似してつくるという感じだった」

例えば、私はこんな話を第七技術部の元エンジニアから聞いたことがある。トヨタ7の開発が続けられていたとき、彼らはアメリカからプロのレーシングドライバーを招聘し、マシンを評価してもらったことがあった。

その際、ペダルを踏み込む力を計測してみると、アメリカ人ドライバーに対してトヨタのドライバーの数値は四分の一ほどしかなかった。原因を調べると話は単純で、日本人ドライバーはシートにクッションを入れていたため、踏力《とうりょく》が背中に分散されてしまっていたのだ。当時の日本のレーシングマシンの開発は終始このような次第で、ドライバーもエンジニアもメカニックも、みなが未経験の世界で試行錯誤を繰り返していた。

メーカーはドライバーも第一回グランプリで速かった人物と契約しており、日産やプリンスのチームではその多くが二輪出身だった。現在よりもずっと人間の感性でクルマを開発していた時代、エンジンの出力だけは高くなっていたが、開発車の評価も手探りの状態で行なわれていた。だからこそ、レーシングカー開発のノウハウを持つ海外のドライバーや技術者の力を借りず、日本人だけでレースカーを開発することには、限界や危うさがあったことも否めなかった。

「つまり、あらゆることが実際にやってみなきゃ分からんという世界だから、部品を付けてはやり直し、今度はエンジンが回らないと言ってはやり直すことの繰り返し。レースの期日までのスケジュールがどんどん遅れて、いつも最後には昼も夜もなくなっちゃうんだ。そんな日々がずっと続くのだから、とにかくクルマ漬け、仕事漬け。だから、先輩たちと海に行った、酒を飲んだ、映画を見た、どこかでナンパした、なんていう青春の思い出は何一つないけれど、それでも全く苦にならなかったなァ……」

そんな日々を第七技術部の新人として過ごす竹平が慕ったのが、年齢の近い成瀬弘だった。

竹平が成瀬に親しみを覚えたのは、職人気質でときには厳しい叱咤の声も聞こえる職場において、彼が極めて静かな朴訥とした男だったからだ。

成瀬には大きな声を出したり、若手に対して威圧的に怒鳴ったりするようなところがなかった。どんなときでも穏やかな口調で話す様子に接して、

「優しい先輩だな」

と、感じたのが竹平の第一印象だった。

もちろん、ときには理不尽とも思えるような先輩たちの厳しさにも理由があった。

第七技術部は世間から注目を浴びる花形の部署だが、一方でそれはボルト一本の緩

みによって大事故が起こりかねないレースの世界である。五百馬力、ついには八百馬力を超えるマシン。その力を伝えるドライブシャフト、ボディ、ブレーキやタイヤの開発が、「やってみなければ分からない」という状態で行なわれている時代だと思えばなおさらだろう。

マシンを操る当時のドライバーは文字通り命を懸けて走る者たちであり、それゆえのぎらぎらとしたスター性を持っていた。メカニックはその走りを支えるのが仕事だ。昼夜兼行で働く彼らは極度の緊張にさらされながら、時間に追われる作業を続けなければならなかった。よって方針の違いによる議論が白熱して人間関係にヒビが入ることもあれば、立ち回りの大喧嘩が起こることもあった。

そうした職場において、若手メカニックはチーフメカニックである先輩社員の傍で、基礎から仕事を学んでいった。そのうちに一人でクルマ一台を責任を持って整備できるようになると、ようやく彼らは一人前のメカニックとして受け入れられた。

それまでには厳しい指導も当然のようにあった。

仮に彼らの一人が手袋をつけたまま、ミッションを組み立てていたとする。

すると、

「おまえ、そんなふうにやっとるとゴミがはいるぞ!」

と、班長から怒声が飛ぶことになる。

「ミッションのなかは素手でやらなければダメだ。手袋のカスが絡んだらどうするつもりなんだ」

「いやあ、これくらい大丈夫じゃないですか」

などと言おうものなら、「なんだと！」と再び怒鳴り声が飛んだ。

そして、班長は手袋にわざわざオイルをつけて、みなが見ている前で「この野郎、それで安心したクルマができるか」と頬を叩くのだ。

それだけに黙々とクルマを整備し、常に物静かな成瀬の姿は、より強く竹平の印象に残ったのである。

「物静かではあるのだけれど、物事をきっちりと言ってくれる。若いもんとしては接しやすい先輩だった。怖くないし、温かい人だなって僕は思ったんだ」

しばらくすると、竹平は成瀬を「なるっさん」と呼ぶようになり、成瀬の方でも竹平を「もっちゃ」と親しみを込めて呼ぶようになった。もっちゃ、これはな……と言われ、なるっさん、なるっさんと竹平は成瀬を頼りにし続けた。それは「現場」で人がそのように育てられていったのだという、竹平の胸裡《きょうり》に残る幸福な時代の一つの光景である。

成瀬は仕事のやり方そのものも、他の先輩たちとは少し違うところがあるように竹平には感じられた。

前述のように、当時の日本メーカーのモータースポーツ車両はまだ手探りの状態でつくられていた。溶接から塗装まですべてを自分たちで行ない、誰かが応用できそうな知識を仕入れてくれれば、部品を実際につくっては取り付け、ドライバーだけではなくメカニックたちもクルマを走らせる。その改良によって走りがどう変化したかを、彼らは感じ取っていた。

開発陣が図面を描いてつくった部品のテストをする。そんなとき、成瀬はガレージの隅で何かの作業に没頭していることがよくあった。

「そうやって自分なりに現場で部品に一工夫を加えて、ぱっと走りに行っちゃう。もちろん普段の仕事はこなすわけだけれど、時間を見つけてはいつも、こつこつ、こつこつと何かをしているんです」

成瀬がいなくなったいま、竹平の胸に浮かぶのはそんな彼の姿ばかりである。

「成瀬さんというのは結局、トヨタのなかで最後までそうやってクルマをいじっては、ああ、こういうふうに変わった、これはこっちの方がいいな、とやり続けた人だったんだね。自分でつくったり、取り付けたり、走ったり。そのことに喜びを感じ続けた人だったんだ」

なあ、もっちゃ、一番大事なのは、クルマが人間の運転する乗り物だっていうことだよ。あるとき成瀬は語ったものだった。

クルマっていうのは、本当は乗ったら楽しいんだ、気持ちいいんだよ。機械は一年ごとにどんどん進化するし、変化もする。でも、乗る側の人間はぜんぜん進化しないだろう？　その人間の感性に合ったクルマを本当はつくらないといけないんだ。

「成瀬さんは誰にでも仲良く溶け込むようなタイプではなかったけれど、やっぱり昔から自分の見ている道を、一生懸命に進もうとしてきた人だったのだと思う。クルマの味というのは、成瀬さんがしてきたような積み重ねから生まれるものだよ。だからトヨタという会社が大きくなって、クルマづくりに何かが欠けていくようになったとき、それをあの時代から徹底して積み上げ続けた成瀬さんが、非常に貴重な存在として重宝された。俺はやっぱりそう思うんだ。普通のトヨタマンじゃ、そんなことはなかなかしないからさ」

9

いま、成瀬弘という一人のテストドライバーの足跡を描いている私には、第七技術部の若手メカニックだった頃から、彼がトヨタ社内で周囲から一目置かれる立場を築き上げていたと書きたい欲求がある。

しかし、そう書くことの半分は正しいが、半分は誤りであることを、私は当時の同僚たちの取材を通して知ることになった。

少年・豊田章男とのささやかな出会いから、一直線につながっていく一つの物語は存在しない。そう、彼を慕った後輩の竹平が語るほどには、当時の成瀬は第七技術部のなかで目立っていたわけでもなく、また、誰の目にも一目置かれるような存在でもなかったからだ。例えば第七技術部のメカニックの取りまとめ役だった平博が、「成瀬君はそれほど印象に強く残るようなタイプではなかった。ただ、ソフトボールが上手で、『おお、うまいやつが入ってきたなあ』と思ったのを覚えている程度でした」と語るように。

そんな彼がなぜトヨタという会社のなかで「豊田章男の師匠」となり、社内外の人々から高い評価を得る「伝説のテストドライバー」になっていったのか。そこにある経緯を追っていくと、成瀬もまた企業組織に生きる一人の社員として、ときに出世競争を勝ち抜こうと野心に燃え、生き残るために必死の努力を重ねてきた人物だったことが浮かび上がってくるようだった。

私がそのことを実感したのは、第七技術部の面々を写した数枚の写真を見たときだった。そのなかで成瀬は、二十代前半の朴訥な青年そのままにフレームに収まっていた。そして、彼はいつも必ず集団の隅の方で、写真に写り込むこと自体を遠慮したいというような面持ちで、控え目な笑みを浮かべているのだった。

その光景は第七技術部における彼の立場を、如実に物語っているように思えた。

当時、トヨタの車両開発の現場には、暗黙でありながら明確な序列があった。それはトヨタが運営する企業内訓練校である「トヨタ工業学園」（当時、トヨタ技能者養成所）の卒業生と「一般」（と彼らは言う）、つまりトヨタ学園以外の高校や専門学校を卒業した者を区別するものだ。また、彼らの現場では、さらに本工採用と臨時工採用という区別がそこに重なってもいた。

臨時工採用の社員は入社すると、一年後から職場の推薦で本工採用の試験を受けることができた。成瀬は最速の一年後に本工採用の試験に合格したが、出身は地元の自動車整備学校であり、第七技術部においては唯一の「一般校の臨時工上がり」の新人だった。トヨタ社員としてのこの原点は、成瀬弘という人物を理解する上で欠かせないものだ。

学園卒とそれ以外――。

その差は外部からの目にはっきりとは映らなかったものの、実際に現場で働く者たちが常に意識していたものだった、と平博は言う。

「あの頃の現場では学園卒はエリートとされ、私のような一般から入った社員とは一線が引かれていました。彼らは決して威張っているわけではないけれど、上司がいわゆる『いい仕事』をさせるのは決まって学園卒ですから、精神的につらいものがありますよね。そういう封建的で閉じた世界で上を目指そうとするのだから、成瀬君も入った当初は苦労したんじゃないかな」

もちろんトヨタ学園の卒業生が現場でエリートコースを歩むのは、彼らが社内において入社時からの即戦力だからでもあった。

同校の源流は豊田喜一郎がトヨタを設立した翌年の一九三八年、自動車製造の技術者を養成するために作られた豊田工科青年学校である。

翌年四月に学校内に技能者養成所が開設され、社内選抜で第一期生が募集された。『トヨタ伝』によると、トヨタで働いて賃金を支給されながら学べる養成所では、午前六時の起床と清掃の後、「豊田綱領」の暗誦と重役による講話という精神教育も重視されたという。

そこで育てられるのは当然、トヨタによるトヨタのための人材だ。当時の彼らは三年間の学園生活の一年目に塗装、クルマの総組み立てを経験し、二年目にはミッションやエンジンの組み付けを学んだ。そして、三年間を通じ品質管理について教わり、卒業と同時にトヨタ社内での配属が決まる。よって「学園卒」の新人は入社した時点ですでにトヨタ車の仕組みに精通しており、本工採用の即戦力の社員としてキャリアを積んでいくことになったのだ。

かつて終戦直後の社会の混乱期に入社した平博は「班長になるのは新人たちの最初の夢だった」と振り返ったが、それは高度経済成長期以前の話だ。成瀬の入社から一年後にトヨタ学園を卒業し、木工採用の同期として第七技術部の同僚となった内藤宏は言う。

「学園の卒業生はすぐに班長になって、次は組長、そして課長という道がしっかりと見えていました。最高では部長になった人までいます。ただ、一方で〝臨時工上がり〟はよくて組長までと言われていたんです。班長までいければ御の字というわけで、成瀬さんも当然そのことは分かっていたはずです」

そのような環境のなかで成瀬が班長、あるいはそれ以上の立場を目指すためには、「学園卒」とは別の道を歩む必要があった。

竹平と同じく成瀬を慕った第七技術部の後輩・中村武彦が回想したように、一部の同僚は成瀬がメカニックとして優れていることを認めていた。佐々木真平によって第七技術部に呼ばれたのも、彼がコロナの開発において一定の成果を出していたからだったはずだ。

だが、上司や先輩メカニック、そして「学園卒」の優秀なスタッフに囲まれたエースドライバーの細谷四方洋などの目には、成瀬はかなり扱いづらい新人メカニックに映っていた。

内藤も次のように話す。

「とにかく良く言えば一匹狼という感じだったなァ。でも、それを自分本位だととる人もいた。何しろ人の言うことをぜんぜん聞かないんだから。とくに上の言うことをまるで聞かないので、班が違うメカニックからはほとんど話しかけられもしない。その意味では成瀬さんもつらかったと思うよ。よく我慢しとったな、といまでも思うくらいでさ」

要するに成瀬は、第七技術部内では仲間から遠ざけられているところがあったのである。

そんななか、成瀬は上司や先輩メカニックの指示に従順ではない反面、彼らのさらに上司に当たる社内のキーマンと親しく交流していた。

初期の外山工場や東富士の研究所で仕事をしていると、レース担当の係長や部長、ときには豊田英二や章一郎が現場に現れることがあった。

章一郎は第七技術部のリーダーである河野二郎と名古屋大学工学部の同期で、河野はときどき「章一郎、ちょっとクルマを見に来いや」と外山工場に誘っていた。

また、第七技術部の全盛期である一九六七年、当時の社長・中川不器男の急逝にともなって社長に就任した英二は、東京帝国大学工学部で学んだ後、喜一郎に呼ばれて豊田自動織機に入社した人物だった。

英二は東京・芝浦の研究所でトヨタの初期の車両開発の現場に立ち、パブリカやクラウン、コロナといった乗用車の開発を主導してきた。河野が主査を務めた2000GTの開発も、「レースとは技術の蓄積のためにやる」と語り、現場の人々に慕われた英二の存在抜きには語れないものだろう（ちなみに、英二の社長就任をマスメディアは「大政奉還」とこぞって報じた。現場に足を運ぶことを大切にした彼を、豊田章男は意識しているはずだ）。

バラック建ての外山工場に第七技術部があった頃、豊田家の二人は薄汚れた合成皮革の屋根が付けられた建屋を訪れては、開発中のレースカーを見に来た。

風通しの良いガレージは、冬場になると凍えるような寒さになる。オイルヒーターを置いて仕事をするメカニックに、二人は気さくに接していた。

そんなとき、真っ先に彼らが話しかけるのが成瀬だった。

彼はレース部門の係長で人事担当だった佐々木真平といつの間にか親しくなっていた。新聞の販売店を営む佐々木の実家に行き、仕事の手伝いもしていたという。

また、妻が豊田家の縁戚である部長の田中堯とも、成瀬は家族ぐるみの付き合いをした。そして、そこでどんな話をしているのか、現場のメカニックから見れば雲の上の立場の人物から、決まって可愛がられているのだった。

トヨタの現場には役職のないメカニックの直属の上司である班長、二、三名の班長を部下に持つ組長、さらに組長を束ねる工長という序列がある。工長より上の課長以上はホワイトカラーの事務職だ。

また、メカニックには準指導職と呼ばれる立場があり、それは通例、班長になる前段階の呼び名だった。会社が急速に成長していた彼らの時代には、準指導職になってから一、二年で班長、三十歳を超えてしばらくして組長になる、というのが最も思い描きやすいキャリアパスだった。

成瀬は第七技術部時代に若くして班長となり、中村や内藤のような同世代の若手の上司としてレースカーを担当するようになっている。

同僚たちが成瀬に対して複雑な思いを抱えたのは、彼が職場からの推薦で出世したわけでなかったからだという。ある日、すでに準指導職だった内藤と中村（二人ともトヨタ学園卒だ）は工長に呼ばれ、「おまえらには悪いと思うけれど、成瀬が今度班長になって出てくるから。あいつはまだ準指導職になっていないが、おまえらより上に行くから頼むぞ」と頭を下げられたことがあった。

「そんなふうにさ、成瀬さんは職場が推薦せんでも上から班長にしろ、組長にしろ、と言われてぽんぽん先に行っちゃうんだ」

内藤が当時の複雑な心境をそう語るのは、彼らの仕事が勝敗のはっきりと決まるレースという特殊なものでもあったからである。

彼らは同じ部署で働く仲間であると同時に、違うドライバーを担当すれば激しく順位を争うライバルにもなった。第七技術部のメカニックたちはお互いに能力を認め合う一方で、ときには反目することで切磋琢磨していた。

そのことを踏まえた上で、内藤は「いまから振り返ると、臨時工から始めた彼が社内で立場を得ていくためには、みんなとは違う道を歩く必要があったのだと思う」と語る。成瀬は内藤から見ても優秀なメカニックの一人だったが、当時の彼に最も必要だったのは、それを認めて評価する上司の存在だった。そして第七技術部で働く彼が引き寄せたのが豊田英二や章一郎という人々であり、その生き方が豊田章男との出会いにもつながっていった。

ただ、こうしたエピソードを聞いて、成瀬が社内政治を駆使して組織での「出世」を一直線に目指す面もあった男だと思うのは早計だろう。

私がそう思うのは、同じく第七技術部の車両担当エンジニアだった加藤眞に、年下の成瀬についてのこんな評価を一方で聞いたからだ。

後にトヨタを退社してシグマオートモーティブ（現SARD）を設立し、現在もレース活動を続ける加藤は、日本自動車レース史の語り部の一人である。その彼の胸裡に残る成瀬の印象は、「とにかく一生懸命に仕事をする人」というものだった。

「確かに個性が強いから上司には嫌われるところがあったかもしれないが、それだけは誰の眼にも明らかだったはずだよ。それに、僕は成瀬が出世を狙っていたようには見えなかった。当然、トヨタという会社組織の社員だから、誰もが多かれ少なかれ班長になり、組長になり、工長になりという道を思い描いていたとは思う。でも、彼はそういうサラリーマンとは、ちょっと違うっていうのかな。クルマに対する自分の技術を高めたい、クルマに対して自分のやりたいことをやりたいようにやりたい、という思いが強い男に僕には見えたんだ」

メカニックにはいまも昔もそれぞれに得意分野と役割がある。板金《ばんきん》や溶接が得意な者、車体に使用する素材の扱いに詳しい者、そして、車両開発で力を発揮する者がいれば、レース前のクルマの調整が得意な者もいる。成瀬はトヨタ7などの新型車両の開発にはほとんど携わっていなかったが、レースで実際にクルマを走らせる際には力を発揮するタイプだった。

加藤が成瀬に初めて会ったのは、自らの希望で第七技術部へ異動した一九六八年のことだ。日本大学の工学部を卒業してトヨタに入社した加藤は、当初からレースの現場で働きたいという思いを強く持っていた。就職先にトヨタを選んだのも、トヨタが本格的にレース活動に参戦すると聞いたからだった。そして、いずれは独立して自らがコンストラクターとしてマシンを製造し、世界のレースで戦うのが彼の夢であった。

車両試験課に配属されて初代カローラやコロナ、クラウンの開発に携わった加藤は、入社から三年後に強く希望して第七技術部に来た。以後、彼は車両担当のエンジニアとして何度か成瀬と仕事をしたわけだが、そこにはいずれ独立してレースの世界で生きていこうとする加藤ならではの視線があったといえる。

第七技術部ではレースのスケジュールが決まると、工長から出場する車両に乗るドライバー、担当エンジニア、そして、担当メカニックの名前が発表された。自分の担当マシンのメカニックに「成瀬弘」の名前を見つけると、加藤は嬉しい気持ちになったと話す。

「僕から見ると成瀬は非常に優秀で、七技でも五本の指に入る奴だったと思う。特にレースに自分がエンジニアとして参戦するのであれば、積極的に組みたいメカニックだったよ。勝ちを取りにいくためにチーフメカニックを自分で選ぶとしたら、僕は間違いなく成瀬を選んだはずだ」

加藤が成瀬を高く評価するのは第一に仕事が速かったこと、そして、「メカニックとしての勘が優れていたこと」が理由だった。

例えば、レースの前にマシンを仕上げるため、テストコースで周回を重ねているときのことだ。ドライバーはコースを何周か走ってマシンの挙動を確かめると、ピットに戻って加藤のような車両担当のエンジニアと課題を話し合う。サスペンションのセッティング、リヤウィングの角度やエンジンの調子——コンマ一秒でも速く走るために改善点を探し、マシンに手を加えては再びテストコースへ出ていくことを繰り返す。

エンジニアはピット作業の指示をメカニックに与えるが、そんなとき成瀬は決まって必要なスパナやドライバーなどの工具をすでに準備して待っていた。マシンがコースを走っているあいだにタイムやエンジンの音、ドライバーの走りの様子に目を配り、耳を澄ませておかなければ、エンジニアから指示される「次の作業」をそのように予測するのは不可能だ。

「エンジンの調子が良いのか悪いのか。ボディのセッティング、ダウンフォースが多いか少ないか……。次に自分が何をすべきかを、成瀬はクルマの走りや私との会話の流れをつかんで、早め早めに考えていた。それがメカニックの『勘の良さ』につながるんです。そんなふうに先を読んで動けるメカってのはポルシェのレーシングチームなんかにはいるけれど、いまだって得難い人材だと思うよ。もちろん僕はエンジニアだから、そういう態度のメカニックと接するのは純粋に嬉しいし、やりがいを感じられたんだ」

また、さらにもう一つ付け加えると、二人のあいだに生じた仕事やクルマに対する向き合い方における共感が、加藤の成瀬に寄せる信頼の背景にはあった。

それは富士スピードウェイで開催される日本グランプリに向け、加藤が福澤幸雄の乗るトヨタ7のセッティングを行なっていたときのことだ。

成瀬に対してメカニックとしての信頼を置いていたのと同様に、加藤は友人でもある福澤のドライビングを高く評価していた。他のドライバーがアクセルを踏みながら膨らんでいくコーナーで、福澤はブレーキングによる荷重移動をしっかりとコントロールしながら、イン側を滑らかに曲がっていく。そのテクニックには目を見張るものがあったし、何よりマシンの挙動を感じ取り、それをセッティングに活かす能力が優れていた。

三リッターエンジンを搭載したトヨタ7を操るその福澤はこの日、テストコースを走り始めてしばらくしてマシンの挙動がおかしいことに気づいた。ストレートでアクセルやブレーキを踏み込むとクルマが左右の一方にブレていく傾向があり、ピットで彼はエンジニアの加藤にそれを伝えた。

チーフメカニックを務めていた成瀬は、加藤や他のメカニックとともにトヨタ7の足回り部分を全て分解し、挙動が安定しない原因を究明することになった。すると左前輪の足回りに組み付けてあるはずの直径一・五ミリメートルほどのシム（円形の薄い金属板）が、どこを探しても見つからなかった。

「なぜシムがなくなっているのか。最終的には最初からメカニックが付け忘れていたという結論になったんだけれど、この原因がなかなか分からなかったんだ。どこかにあるはずだって、まさに二晩かけて原因を探してさ」

と、加藤は振り返る。

「そのとき印象的だったのは、成瀬がとにかく原因が分かるまで仕事を止めないことだった。一枚のシムなんて持ってきてまた取り付ければすむ話でもあるし、原因が分からなくても妥協してしまえば徹夜はしなくてすむんだ。でも、成瀬はそういうことにこだわるんだね。原因が分からなければ、その仕事は終わらない、っていう姿勢。それは僕と似ていた。なんて真剣に仕事をする奴なんだと思ったものだよ。

要するに、彼はクルマに生じた問題から逃げないんだ。人間だから、徹夜が続くとなれば、問題から逃げたくなるものだよ。でも、逃げない。僕はだから成瀬が好きだったし、成瀬と組めることが嬉しかったんだ」

一九七二年にトヨタを辞めて独立する加藤が、成瀬と職場をともにしたのはわずか三年ほどのことだ。以後、彼は成瀬に会う機会はほとんどなかったが、そうした第七技術部での交流は強く印象に残るものだった。

後に豊田章男の「運転の師」として活躍しているという話を聞いたとき、加藤もまた竹平がそうであったように、成瀬が自分らしいキャリアをトヨタのなかで歩んだのだと感じた。

「成瀬にしてみれば、豊田章男さんという将来の社長になるかもしれない人に、クルマのことを知ってもらいたかったんだと思う。このクルマの何が悪くて、何を直さなければならないのか。それを分かった上で、現場に指摘できるトップであってほしい、と。だって、クルマはシム一枚で変わるんだから。クルマというのは設計して『はい、できました』というものではなく、出来上がったものを走らせて、味を付けていくものだということ。そういう感性を彼は持っていたんだ」


成瀬について自動車業界の人々に話を聞き回っていると、一つ印象的なことがある。それは彼と交流のあった自動車ジャーナリスト、他社のテストドライバー、レーシングドライバーが、みな一様に「成瀬さんはトヨタの人という感じがしなかった」と語ることだ。そうした印象を抱かせるのは、内藤が語るように、彼が社内で常に主流ではない道を歩んだことも大きかったのだろう。

「そこが成瀬さんの不思議なところなんです――」と成瀬の直属の部下だった中村武彦も言った。

「あの人は確かに上の立場の人の信頼を、直属の上司を飛び越えて得てしまうところがありました。レースというのは組長がいちばん上で組織されるわけだけれど、部長だとか役員クラスの人が成瀬さんのことを何故か知っている。僕からしてみれば、それくらい魅力のある人だったし、役員と気兼ねなく話せるのも技術があったからだと思うのだけれど、そのせいで現場ではいろいろと言われて、僕が緩衝材になっているようなところがありました。

ただ、彼がそうやって付き合うのは、何も偉い人たちだけじゃないんです。当時はニッサンとトヨタが猛烈な競争をしていたのに、成瀬さんは他チームの連中ともサーキットでよく話をしていた。あの頃はお互いに敵と話してはいけないという雰囲気がすごく強かったから、そういうふうに分け隔てなく彼らと付き合ってしまう成瀬さんは本当に不思議な人でした」

レース車の開発テスト及びレース担当の責任者だった前述の松田栄三は、「仕事は要領よくこなし、早い」「ドライバーからの苦情は聞いたことがない」と成瀬について淡々と評価している。ミーティングなどでは常に控え目で、周囲に対しての遠慮が感じられたが、中村など気の合う仲間やドライバーと冗談を言い合っているときは、これでなかなかの「スマートな好青年」に見えたという。

成瀬はトヨタの評価ドライバーとして後輩を指導する立場になった後年、二十代の頃から中古車に少しずつ改良を加えては峠で走り、クルマの挙動がどう変化するかを確かめる練習を繰り返したものだ、とよく語っていた。実際にサスペンションのバネ一枚、ブッシュ一つを交換しては峠を走り込んで培った感覚は、レースカーのセッティングを行なうときに大いに役に立つものだった。

車両実験課でコロナの耐久試験を行なっているときから、成瀬は一貫してクルマに工夫を加えていく作業が大好きな男だった。そして、そのことは未成熟な日本のレースの現場で働く上で、欠かせない資質の一つでもあった。

例えばレースの前日に、担当するクルマのエンジンが焼き付いてしまうというトラブルがある。原因を突き止めていくと、何らかの理由でエンジンオイルに空気の泡が入り込み、潤滑機能をしっかりと果たしていないことが分かる。

そんなとき、成瀬はいつものようにクルマの前で考え込み、解決策を探った。

「オイルに気泡が入り込むのけ、どうやらそれを潤滑させるドライサンプ（エンジンの潤滑機構の一つ）に問題があるようだ、ということで、僕らは泡を止めるためにタンクを斜めに入れる方法を考えたんです。タンクに沿わせてオイルを入れていけば、攪《かく》拌《はん》されずに渦巻きからうまく空気が抜ける。あとはひたすら徹夜の作業です。アルミのオイルタンクをつくって、レースに間に合わせる」（中村）

加藤や中村が語るこの種のエピソードから想像できるのは、力のあるホワイトカラーからの信頼は、成瀬のクルマに対する知識や能力の高さに裏打ちされたものでもあったということだ。

とりわけ自らも技術者としてトヨタの開発の現場に立ってきた英二や章一郎にとって、言われた仕事をそのまま行なうことをよしとせず、自らクルマの前で考え込み、思いついた工夫を試してみる成瀬は、「現地現物」の精神から考えても好ましい若者に映ったに違いない。

なかでも「一日に三回手を洗え」が口癖だった英二は、車両試験課を訪れるとまず「ゴミ箱に連れていけ」と言うような人物だった。

車両開発の部署には、技術部のエンジニアが試作した部品を捨てる前に取りまとめておく場所がある。使用しない試作部品は企業秘密の廃棄物なので、専門の業者がまとめて引き取って溶鉱炉で溶かす。英二はその場所にある試作部品をまずは見せろ、と言っているのだ。試作部品を見れば、技術部の現在の課題がどのようなものであるか、そして、彼らが何をしようとしているのかが一目瞭然だからだ。成瀬のような創意工夫型でクルマに対して一本気なメカニックとは、さぞかし話が弾んだことだろう。

そして、私がここで感慨を抱くのは、トヨタという会社がもともとはそのような会社だった、という事実に対してだ。創業家出身の社長が車両開発の場に現れ、二十代前半の若いメカニックとクルマについて談義する。そこにチャンスが生まれ、一人の若者が責任のある立場を職場で得ていく――。

ものづくりの会社にとって本来、それは極めて真っ当な風景なのではないだろうか。

少なくとも成瀬はこうした日々のなかで豊田家の人々に出会い、それを後の自らのキャリアを切り拓いていく力としたのだ。

あくまでもクルマを中心に置き、一介のメカニックと直接議論を闘わせようとする英二や章一郎との交流が、第七技術部で孤立しがちだった成瀬を勇気づけたことは想像に難くない。職場からの推薦なしに班長や組長になったというのであれば尚更だ。

彼はこの頃から「トヨタ」という企業組織には複雑な思いを抱きながらも、「豊田家」に対しては恩や愛情のような気持ちを抱くようになったのだろう。

10

成瀬弘や同僚の中村武彦にとって、マシンに工夫を加えることは、第七技術部にいて心が燃え立つ瞬間だった。

トヨタチームのドライバーたちは毎年同じ条件でタイムトライアルを行ない、その順位によって能力が常に比べられ、契約金の額にも結果が反映されていた。タイムトライアルで決まって一番手のタイムを叩き出すのがキャプテンを務める細谷四方洋であり、彼のクルマは年長のベテランメカニックが主に担当していた。

勝つことはレース活動の第一の目的だ。よってチームではファーストドライバーの乗るクルマが優先的に処遇されるのが鉄則である。だからこそ、セカンドカーを担当する成瀬や中村たち若手メカニックには、自分たちのクルマで細谷と先輩たちに一泡吹かせたいという欲求が常にあった、と中村は言う。

「細谷のクルマを優秀な先輩たちが担当するのに対して、僕らはナンバーツーのドライバーたちと組むわけです。最も状態のいいクルマは彼らのものだから、僕らはいつも必死に何かできることはないかと探していました。もちろん同期にだって負けたくない。チーム内ではそんなふうに闘いが行なわれていたわけです」

「レースというのは、まずクルマが一番。いいクルマに乗らないと上手くならない。その次に何度も繰り返し乗ること」と細谷が語るように、マシンのアドバンテージをドライバーの腕によって乗り越えるのは非常に難しい。何も工夫をしなければ、ナンバーツー以下のドライバーが細谷より速く走ることはできない。

成瀬と中村はコンビを組むと、思いついたアイディアは何でも試してみるつもりでレースに臨んだ。ときには組長の指示を聞いたふりをしながら、こっそりとセッティングを変えてみることもあった。

搭載したエンジンのパワーが五馬力、十馬力と劣っていれば、ウィングの角度を少しだけ抑えて直線の最高速度を伸ばしてみる。空力性能を整えるためにフラップの構造を変えてみたり、スタビライザー（ロールを抑えるためにサスペンションに装着する部品）の硬さを調整したりしては、ドライバーから走りの感触を聞いていく。前述のようにエンジンの潤滑の効果に課題があれば、自作のパーツを徹夜でつくりもした。

成瀬はトヨタのメカニックとは会話が少なかったが、第七技術部に出向している日本電装（現デンソー）やヤマハのスタッフとは例によって仲が良かった。車体の電気系統やシャシー性能に関係する情報をこっそり教えてもらえば、マシンの微妙な調整に活かせる。

「トヨタチームではエンジンを開発するのがヤマハだから、彼らと話し合って決めた仕事を僕らがメカニックに伝える形になる。だから、本来はトヨタのメカとヤマハのエンジニアが直接話す機会はあまりないんだけれど、成瀬は僕らとヤマハやデンソーのエンジニアの会話に横からいつも耳を傾けているところがあった。エンジニアがどういう答えを出すかを早めにキャッチしたいとばかりに、耳をダンボにして聞いているんだ。メカニックとしてハングリーだった」

とは第七技術部のエンジニアだった前述の加藤眞の回想である。

成瀬や中村はそうした一つひとつの体験を吸収し、成長していく若いメカニックであった。

そのなかで成瀬が勝ち取ったのは、担当するレーシングドライバーからの信頼だったと中村は続ける。

「成瀬さんは日常的に仕事をする人たちには敵も多かったけれど、同じチーム内には信頼される仲間もちゃんといたんです。デンソーやヤマハの人たちが、まだ実験段階で自信のない段階でも『やってみますか』と材料をくれるんですから」

細谷を頂点とするドライバーも、自分こそが次なるナンバーワンドライバーだと野心に燃えながら、コンマ一秒でもタイムを削りたいと懸命な者たちだ。

「だからこそ、クルマの前でいろいろと考えては新しい何かを試し、レースの度にドライバーと三人で議論したものです。それでタイムが速くなれば彼らから認めてもらえる」

第七技術部に在籍した十年に満たない歳月において、中村は成瀬と抱き合って喜びを分かち合った瞬間があった。

それは一九六九年十一月二十三日、富士スピードウェイで開催された第二回日本Can-Amでのことだ。

同レースは正式には「ワールドチャレンジカップ富士二〇〇マイルレース」と言い、F1ドライバーのジャッキー・オリバーなどが海外から招待された華やかなレースだった。Can-Amは「カナディアン・アメリカン・チャレンジカップ・レース」。

北米で開催されていた大排気量のレースカーによるレースで、日本Can-Amは前年から日本に呼び込まれたものだった。ジャッキー・オリバーの他にも、錚々たる顔ぶれの外国人のプロドライバーが、レースには招待されていた。

成瀬と中村はこの日、メインドライバーの一人に昇格した川合稔の運転するトヨタ7を担当し、レースに臨んだ。

予選三番手で決勝レースに挑んだ川合は、四十七周目にマシントラブルで止まったオリバーをかわすと、そのまま首位を守り切って優勝を飾った。川合の名はこのレースでの優勝によって一躍有名になり、そして、彼は翌年にタレントの小川ローザと結婚、週刊誌や女性誌を大いに賑やかすことになる。

「僕がこのレースを印象深く覚えているのは、成瀬さんとの内緒の思い出があるからなんです」と中村はいまも誇らしげに言うのだった。

血気盛んなところのあった川合稔はこの日、自らのクルマを担当する成瀬と中村という二人のメカニックに対し、「あいつらには負けたくない」と強い意気込みを見せていた。「あいつら」とは海外から招待された有名ドライバーたちを指すだけではなく、ナンバーワンドライバーである細谷に向けられた闘争心でもあったはずだ。

しかし、組長からは「エンジン回転数と油圧の機器は絶対に決められた通りにしろ」と指示されており、できることは限られていた。その制限のなかで成瀬たちが勝

つために は、何らかの仕掛けが必要だった。

「直線だけは速く走りたい。今日はテレビの放送もある」

川合はそう言ったという。

そこで成瀬たちが行なったのは、本来であれば七度ほどのウィングの角度を二度下げ、空気抵抗を減らして直線の速度を上げることだった。もちろん組長や部長の河野二郎には秘密である。

「だから、レースが始まって競り合っていると、川合のストレートスピードが細谷のクルマより速いわけですよ。これでは先輩たちに何を言われるか分からない。『おまえら、ちゃんと回転数の指示を出したのか！』と実際に言われて、どうにか回転数を下げさせるために川合にピットサインを出すんだけれど、音もスピードも違うんです。やばいな、とひやひやしっ放しのレースでした」

カーナンバー8を付けた川合のトヨタ7は、マシントラブルでピットインしていたカーナンバー7のキャプテン・細谷がレース終盤、二位を走るジョン・キャノンとの間に割り込む形でコースインし、粘り強くブロックしたこともあり、結果的にトップでチェッカーフラッグを受けた。

成瀬と中村はピットを飛び出し、「第一コーナーはかなり不安定だった。でも、目をつぶって入るようなつもりで行った」と興奮状態で語る川合と喜びを分かち合った。

「成瀬さんはレースに負けると、とことん悔しがる人でした。荒っぽい言葉を口にしたりはしないんだけれど、もうしょげ返っていてね。ドライバーから話を聞いて、悩んで、考え込んでしまうような感じなんです。だから、あのときは本当に川合と抱き合って喜んだ。細谷に勝ったというのもあったし、カナダやアメリカを転戦してきた著名なドライバーたちに最大級の排気量のレースで勝ったのだから、それは嬉しかったですよ」

しかし、そのようにレースでの勝利に酔いしれた一九六九年、すでに第七技術部は一つの時代の終わりの始まりを迎えていた。それも後味の悪い形で、彼らはレースの現場から離れることになった。

日本Can‐Amで川合が勝利を飾った同年二月、すでに述べた通り、トヨタのエース級ドライバーで絶大な人気を誇った福澤幸雄が、完成したばかりのヤマハのテストコースで事故死していた。川合が細谷に次ぐドライバーに昇格したのは、福澤の死があったからでもあった。そして、その川合もまた一九七〇年八月、鈴鹿サーキットで壮絶な事故死を遂げる。

この二人の死後、トヨタは「トヨタ7」のようなプロトタイプのレースカーの開発を中止し、コロナやセリカ1600GTといった市販車ベースのレースだけを続けていく。往年のライバルであった日産も排ガス対策に開発資源を集中するため、川合の死んだ一九七〇年に、プロトタイプカーの開発を先立って中止していた。日本のモータースポーツをめぐる状況は、大きく変わり始めた。

排ガス規制や公害が社会問題化されつつあるなかで、彼らの活動は急速に社会性を失いつつあった（ターボ搭載のトヨタ7は一リットルのガソリンで、わずか八〇〇メートルしか走らないマシンだったと細谷は言う）。そして、一九七三年に第一次オイルショックが起こると、トヨタは開発ドライバーとして契約を延長した細谷を除いて、すべてのドライバーを解雇した。モータースポーツに対する企業の自粛は世界的な流れでもあり、第七技術部は自然消滅のような形で姿を消すのである。

こうして第七技術部が消滅していく過程を「後味が悪い」と表現したのは、レース活動の縮小のきっかけとなった二人のドライバーの事故死へのトヨタの対応に当時、大きな批判が集まったからだ。

ヤマハのテストコースで開発中の新型トヨタ7に乗っていた福澤幸雄は、直線でマシンの挙動が不安定になり、原因不明のハーフスピンを喫した。すさまじい速度でコースアウトしたマシンは、コース脇に建てられた角材を組んだ標識に激突し、福澤をコクピットに残したまま激しく炎上した。

レースや車両開発における安全性の確保が、いまだ未成熟な時代である（なぜ高速になるストレートの脇に危険な標識がある?)。現在の感覚からすべてを批判することはできないのも確かだろう。だが、この事故の深層を詳細に調査したジャーナリストの黒井尚志は『レーサーの死』のなかで次のように事故直後のシーンを描いている。

〈(マシンが炎に包まれたとき)トヨタ関係者は信じられない対応をした。コース脇に消火器がなかったため、パドックから現場に運ばなければならなかったのだ。だが、これだけならコース管理の不手際でしかない。問題はそのあとだった。驚いたことにトヨタ関係者は消火に駆けつけた地元消防団員が現場に向かうのを阻止し、一切の活動を封じてしまったのだ。そのため鎮火したのは事故発生から二十分も過ぎたあとだった〉

福澤の死因は脳挫傷と発表されたが、こうした対応が後々にまで不信を呼び起こしたため、いまもなお焼死だったのではないかという疑念が消えていない。

福沢諭吉の曾孫にして、ギリシア人とのハーフである精悍な顔立ち、ファッションモデルとしても活躍した福澤幸雄。歌手の小川知子の恋人としても知られた。彼は雑誌の読者アンケートで石原慎太郎、長嶋茂雄に次いで票を集めるような時代のスターであり、その死は事故に対するトヨタ側の疑念の残る対応を背景に社会的なスキャンダルとなっていった。

川合稔が同じくトヨタ7の開発テスト中に事故死したのは、この事故の余波も収まっていない一九七〇年八月二十六日のことだった。日本Ｃａｎ－Ａｍで成瀬と抱き合って勝利を喜んでから一年も経っていない。

その日、鈴鹿サーキットで行なわれた午後のテストの四周目、川合の乗るトヨタ7ターボはヘアピンコーナーの手前の110Ｒでコースアウトした。

110Ｒは上り坂の緩い右コーナーで、大きく左に曲がるヘアピンに向けて急減速していく箇所だ。マシンはコース外の土手に激突して飛び散り、川合はコクピットから投げ出された。事故現場には八五メートルものブレーキ痕がはっきりと残されており、マシンが何らかの理由で減速不能になったことがうかがえた。そのため、アクセルペダルで開け閉めするエンジンのスロットルが戻らなかった、というのが事故原因の有力な説となっている。また、福澤の事故についてはトヨタ7の当時の開発マシンに、空力上の欠陥があったことが原因だったのではないかと指摘されている。

しかし、黒井尚志が前掲書で怒りを込めて批判しているように、トヨタ側の主張は福澤と川合の二つの事故とも、「ドライバーのミス」というヒューマンエラーのみを取り上げるものだった。

当然のことながら、ここには様々な議論がある。例えば、事故にあった二台のマシンの開発ドライバーの一人として、細谷は次のように言う。

「実はあのクルマには、事故の前々週に谷田部（のテストコース）で僕も乗っていました。すると三〇〇キロくらいのところでどうもふらつくので、僕は河野さんにその直進性の悪さを伝えたんです。ふらつきの原因は空力的に悪かったからですよ。そういうところはドライバーのひらめきであって、危険をできるだけ察知して止めるべきときは止めることも僕らには必要です。開発中のクルマですから、それがドライバーの責任というものでしょう」

トヨタのエースドライバーであり続けた男が語るこの言葉には、レーシングドライバーとしての職業観やプライドがひしひしと感じられる。

だが、だからこそトヨタは自動車メーカーとして、そのように命を張って闘うドライバーに敬意を表し、何よりも誠実に向き合う必要があったのではないだろうか、と思う。

彼らはともにレースを闘い、日産という好敵手に勝とうとする「仲間」ではなかったのだろうか。トヨタの二つの事故への姿勢は、それ故に同社のモータースポーツの歴史に深い影を落とし、それがいまも亡霊のようにつきまとう汚点となってしまった。

そしていま、成瀬弘というこのときはまだ二十代のメカニックの側から本を書いている私は、こうして第七技術部が終わっていったことによって、彼らが心に負った傷について想像せずにはいられない。

この事故について事情を知る関係者の一人に、私はこんな話を聞いたことがある。

「(事故原因は)ドライバーのミスということになっていたけれど、(とりわけ福澤の場合は)誰が考えてもこんなところでドライビングミスをするわけないな、っていう場所なんですよ。何かメカニック的な問題で、空力の問題なのか、そういうおかしいところがあって、クルマがふらついたんです」

事故原因は「ドライバーのミス」とされたが、本来、こうした重大な事故は様々な要因が絡み合って生じるものだ。仮にドライバーのミスがあったとしても、それを誘引したのは深刻なマシントラブルや構造上の問題であったかもしれない。また、大きな危険につながる不具合を事前に見つけられない組織の仕組みや雰囲気、レースや事故というものを受け止める社会や時代にも影響を受けるはずだ。

第七技術部で働くメカニックたちは、だからこそ多様な思いを抱えていたに違いなかった。しかし、福澤たちの事故の対応は会社に一元化されており、彼らに自分たちの意見や思いを自由に述べる場が用意されることはなかった。

彼らはそれぞれの深さや形で、この傷を胸にしまったまま生き続けなければならなかった。

「川合が亡くなったとき、鈴鹿サーキットで簡単なミサをやったんです。彼はクリスチャンだったから。悲しかった。その後も何度も実家に墓参りに行っているんです」

と中村は言う。

「それから福澤のときはね……。僕は平さんと一緒に遺体を実家がある鎌倉まで運びました。当日は家にいたんだけれど、『ドライバーが亡くなったから、会社に来い』と呼び戻されたんです。トヨタの保安にある救急車を借りて、平さんが運転をして僕は助手席で。ドライアイスをいっぱいに積んで、酸欠にならないように窓を開けて走った。それはチームトヨタというファクトリーが、きちんと最後までやらなあかんという部長の方針だったと思います。でも、つらかった。まっくろ焦げになった遺体にしがみついたお母さんに、泣かれて、泣かれてね。二度と嫌だと思った」

クルマというものに深く携わる者は、たとえ一流の技術を持っていたとしても、ときに死と隣り合わせでいることに変わりはない。当時はなおさらにそうであったし、いまも昔も「命をかけている」という言葉はその言葉通りの意味だ。

外山工場の倉庫には、福澤と川合の乗っていたトヨタ7がしばらく置かれていたという。成瀬が二人のドライバーの事故についてどのように感じていたのかは分からない。後に彼がこの事故を話題にしたという話を、私は取材のなかでついに聞くことはなかった。

ただ、成瀬はこの二つの事故から、距離を取りたがっているように見えたようだ。彼は二台の開発マシンの担当ではなかったが、川合の事故があった後、部下のメカニックが警察で調書を取られるために呼ばれた際も、「任せた」と言葉少なに言うだけだった。

成瀬弘が三十二歳、十八歳になる豊田章男が大学受験を迎えた冬。こうしてトヨタのモータースポーツの歴史は一度、幕を下ろしていくことになった。

そのようにレース部門が泡沫の夢のように消滅してから、そこで働いていた面々は様々な部署に散っていった。なかにはレースの熱狂を忘れられず、トヨタを去った者もいた。

成瀬を慕った竹平素信もその一人だった。彼はトヨタを辞め、ラリーを中心としたモータースポーツの世界で次のキャリアを歩んだ。

彼がトヨタを去ったのは三十一歳のときだった。

プロトタイプのレーシングカー開発が行なわれなくなってからも、技術部ではセリカなどの市販車をベースとしたレースカーの開発がしばらく続けられた。だが、社のレース活動はいずれさらに縮小され、竹平は第一四実験課に異動となった。

第一四実験課で彼は低燃費・省エネのテストを担当した。

例えばその仕事は、東富士研究所のテストコースで風が収まるのを待ち、カローラやクラウンに乗って走行抵抗のデータを集めるようなものだ。

それが車両開発にとって重要な仕事であるのは分かっていたが、決められたスピードでギアをニュートラルに入れ、クルマを惰性で走らせ続けていると、ときどき気の抜けたような空虚さを竹平は胸に抱いた。

「エネルギーが一気に抜けてしまったような、自分が停電してしまったような、そんな気持ちだった」

彼は休みの日にラリードライバーとして活動するようになり、次の仕事もそのなかで知人から声をかけられて見つけた。

竹平が成瀬と再会するのはそれから何年かが経ち、トヨタの試乗会に顔を出すようになってからのことだった。以来、様々な新車の試乗会で交流があったが、彼がいまでもよく覚えているのは、二代目となるプリウスの試乗会が行なわれた際の次のようなやり取りだ。

その日、竹平が試乗を終えて戻ってくると、

「おう、もっちゃ、どうだった？」

そう言って笑みを浮かべる成瀬の姿があった。

「なるっさん、プリウスもやっているんですか」

「おお。いまはなんでもやらなアカンからなァ」

そんな会話を交わしてから、竹平は新しいプリウスに乗った感想を遠慮がちに成瀬

に伝えた。

「軽快なハンドルはいいけれど、少しゴッゴッする乗り心地はどうですかね。僕は好きだけれど、こういうクルマに乗る人、特に高齢の主婦なんかからすると、もうちょっと柔らかい感じの方がいいかもしれないですね」

「そうか……」と言うと成瀬はすぐに続けた。じゃあ、ちょっと俺が慣らしておくから、明日の朝、帰る前にもう一回、乗ってみてくれないか――。

「それで次の朝になって乗ってみると、これが本当に変わっているわけ。その日のうちに自分の引き出しのなかから何をすべきかを考えて、クルマのセッティングを変えたんだね」

「おう、どうだ、これだろう」

そう聞かれて、「ええ、この通りですよ」と自分が答えたときの成瀬の表情を見て、竹平は「ああ、この人は俺がいなくなってからも、ずっとこうやってクルマを触ってきたんだ」と思った。

第三章

聖地ニュルブルクリンクへ

北海
バルト海
ハンブルク
オランダ
ブレーメン
ポーランド
アムステルダム
ハノーファー
ベルリン
ドルトムント
ドイツ
ブリュッセル
ケルン
ベルギー
ニュルブルク
フランクフルト
プラハ
ルクセンブルク
チェコ
ライン川
パリ
シュトゥットガルト
ストラスブール
ウィーン
ミュンヘン
フランス
オーストリア
スイス

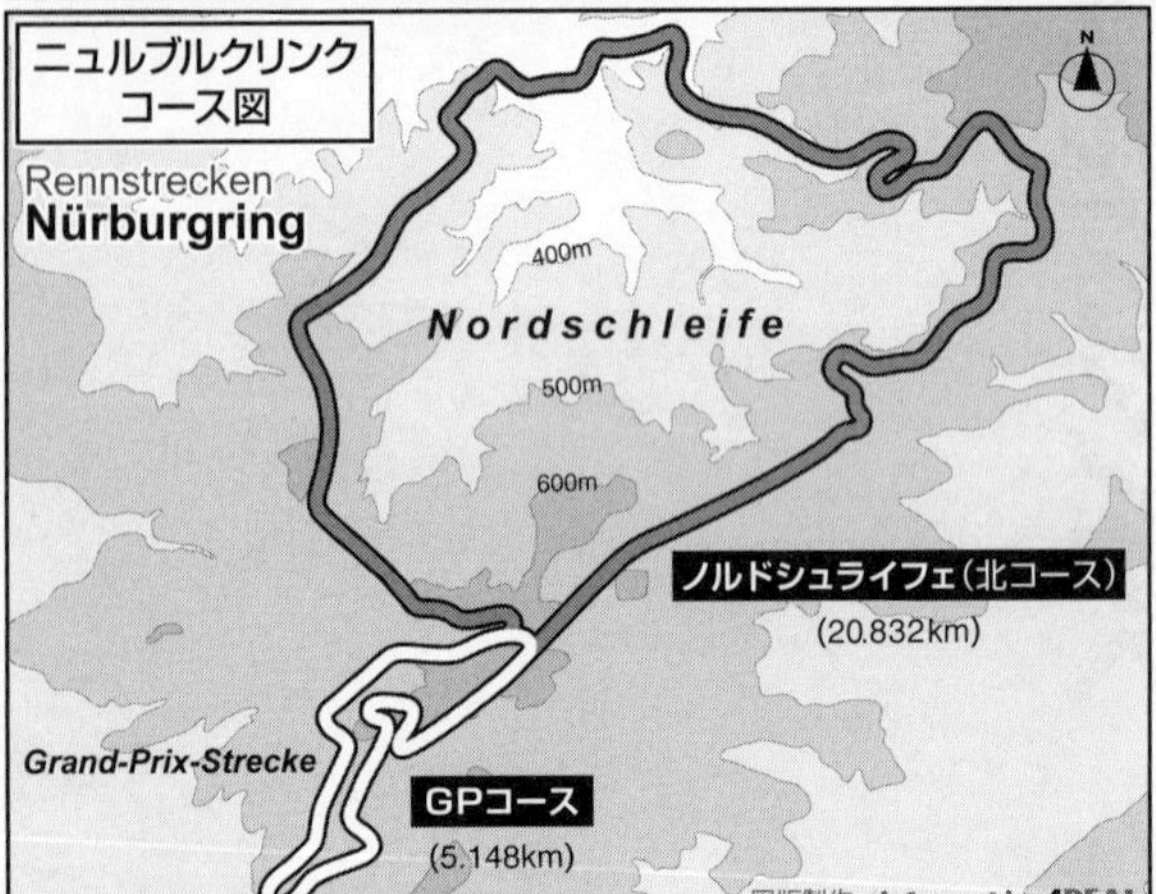
ニュルブルクリンク
コース図
Rennstrecken
Nürburgring
N
400m
Nordschleife
500m
600m
ノルドシュライフェ（北コース）
(20.832km)
Grand-Prix-Strecke
GPコース
(5.148km)
図版製作／infographics 4REAL

11

成瀬弘の運転訓練を受け始めて以来、豊田章男は時間があるとテストコースやサーキットを訪れるようになった。現場には成瀬をリーダーとするテストドライバーたちがいて、彼は頻繁に行なわれているその訓練にときおり混ざる形で参加した。

メンバーに名を連ねるのは江藤正人、高木実、勝又義信、平田泰男……といった車両開発にとって欠かせない社内ドライバーで、後に「トップガン」として「Nチーム」の中心的な役割を担う面々だった。

トヨタ学園を卒業して一九八三年に入社し、二十代後半から成瀬とともに車両実験部に勤め続けてきた鳥取出身の江藤。子供の頃から機械いじりが好きで、同じくトヨタ学園の卒業生である熊本出身の高木。静岡県御殿場市の出身で、やはり車両実験部で高いレベルの感性評価を行なってきた勝又――。

いずれも成瀬とともに日本だけではなく、ヨーロッパの様々な道やサーキットを繰り返し走り、多くの車種の開発に携わってきたトヨタ選りすぐりのテストドライバーである。

彼らの経歴はまさにトヨタの車両開発における「現場」だった。そして、それは成瀬が豊田に見せたかった「もう一つのトヨタ」の姿だった。役員になった豊田にとって、彼らとスープラを走らせるこの運転訓練は日々のなかでの最も濃密な時間となっていく。

豊田が彼らの訓練に合流するのは、主に役員としての業務がない土日だった。

彼はサーキットに現れると、すぐに赤いレーシングスーツに着替えてスープラのシートに座った。数台用意されているスープラはどれも酷使され、車内は埃っぽく、シートはいまにも擦り切れそうだった。当然、かなりの走行距離数になっていたが、整備は完璧になされていた。

レッスンは正しいドライビングポジションの取り方を学ぶところから始まった。そしてそれを身に付けると、成瀬はフル加速からのフルブレーキングを練習するよう豊田に指示した。

「俺は教えないよ」

普段は口癖のようにそう言う職人肌の成瀬だったが、豊田に対してはかなり丁寧に言葉を重ねていた。

「たぶん、こんな丁寧に教えてもらったのは僕ぐらいなんじゃないかな」

と、豊田は語る。

「とにかく最初の二年間はブレーキだけ。ブレーキを踏むポイントだけは、何より先に体で覚えないといけない、って。それから段々と高速走行もするようになっていったんだけれど、そりゃあ、最初は怖かったよ。ヤマハのテストコースで初めて時速二〇〇キロで走ったとき、どんどん視界が狭くなっていってさ。次に三〇〇キロを超えるときも本当に怖かった。でも、そのあとに二〇〇キロの速度を体験すると、今度はそれがこれまでの一二〇キロくらいのゆとりに感じられたんだ」

これは多くの人が誤解しがちなことだが、自動車を速く走らせる技術とは、それをいかに安全かつ安定させて走らせるかという技術でもある。豊田は後に「ガズーレーシング」のチームメイトとなるレーサーの木下隆之の著作のなかでこう指摘している。

例えばいま目の前にコーナーがあり、時速一〇〇キロで曲がれるドライバーと、時速九〇キロでしか曲がれないドライバーがいたとする。だが、前者は決して後者より命知らずであるのではなく、より安全にクルマを安定させて走らせる技術を持っているのだ、と。

〈レーシングドライバーの運転は無謀で、命知らずで、危険だと……。とんでもない、まったく逆なんです。いくらレーシングドライバーだって命が惜しくないわけはないんです。だからこそレーシングドライバーは、究極の安全テクニックを習得しようと

励んでいるんです〉（『豊田章男の人間力』より）

一方で評価ドライバーもまた、様々なクルマを限界域で走らせる能力を持っている。だが、彼らは他車との勝負に勝つことや速いタイムを出すことではなく、そこで生じる情報をより多く、より豊かに感じ取っていくのが仕事だ。

ハイレベルなテストドライバーの助手席に乗ると、彼らは高い速度域でもクルマを最小限の動作で操作していることが分かる。時速二〇〇キロ超の速度に興奮したり、恐怖を感じたりするようではそうした運転はもちろん不可能だ。

前述のブリヂストンの井出慶太は成瀬弘が運転するLFAの助手席に乗って、ニュルブルクリンク北コースを走った際の体験をこう表現している。

「成瀬さんの運転でニュルを走ると、全く怖くないんです。大きくハンドルを切らないし修正もしないから、フルスピードで車体が飛び跳ねるような道なのに挙動が極めておとなしい。僕はうまい運転ってこうなんだと思いました。まるでオン・ザ・レールでトレースしていくような走りなんですから。テストドライバーというのは、こうやってクルマを評価しているんだと実感した瞬間でした」

成瀬は豊田がいずれはこのような運転をして、クルマの走りを評価できるドライバーになることを期待していた。

「なあ、章男さん、あなたはレーサーになるわけじゃない」

技術を覚えつつあった豊田が少しでも自信過剰な様子を見せると、彼はそう言ってたしなめた。「クルマのことをアレコレ言えなくてもいいんだ、まずは好きか嫌いか言えるようになれ」と。

「役員のなかには『びりびり感がほしいね』なんて軽口を叩く人が多いんだけど、まずはもっと乗っていたい、もっとたくさんこのクルマに乗っていたいと思うかどうか、楽しいかどうかだけを言えればいい、って成瀬さんは言った」

豊田は振り返る。

「いま思えばね、成瀬さんはオーナーシェフが欲しかったのでしょう。トヨタの現場には料理人がたくさんいる。でも、それだけではレストランはできないわけです。自分の料理の味を分かってくれるオーナーシェフがいなければならない。それが彼の寂しさであり、私にその味を分かる人間になってほしかったんだね、きっと。

六十歳近い年齢で私に出会ったとき、おそらく彼は私をオーナーシェフとして鍛えれば、自分のレストランを持たせてくれるんじゃないかと期待した。だから、彼は僕がもっと速く走れるぞという姿勢を見せると、『あんまり運転を上手くなるなよ』『これ以上上手くなると逆に分からなくなるぞ』とよく言っていたのでしょう。それは『おまえは速く走るのが仕事じゃない。味が分かってくれればいいんだ』ということだったんだと思います」

基礎的な訓練が終わると、豊田は運転訓練をする江藤正人や高木実たちに交じってコースを走るようになった。それと同時にダートや雪道などでも走行を重ね、クルマの様々な挙動を学んでいった。

日々、テストコースでクルマを走らせ、月に数回は富士スピードウェイや宮城県のスポーツランドSUGO、冬の北海道士別市（トヨタのテストコース）に行き、ときにはヨーロッパにも遠征するテストドライバーたちと異なり、豊田が運転訓練を受けられるのは月に一、二回程度だった。運転技術は向上していくものの、それはゆっくりとしたペースだった。

成瀬は豊田が一人でコースを周回するとき、必ずピットの前に立っていた。それは零下一〇度の冬の北海道でも、雨が降る東富士でも、快晴の袋井でも全て同じだった。他のメンバーが屋内にいるときも、成瀬はピットで豊田のクルマが戻ってくるのを待ち続けていた。

「ホームストレートに戻ってくるたびに、成瀬さんの声を聞いているような気持ちだった」

と、豊田は言う。

「見守ってくれているという感覚。それはこういうことを言うんだと思った」

豊田はレッスンの限られた時間をとても大切にしていた。サーキットでの走行訓練が始まると、成瀬が同じスープラで先導し、豊田がその後ろをついていくことが主なメニューとなった。

そうしてブレーキを踏むポイントやタイミングを学びながら、ヤマハテストコースのスプーンカーブやシケイン（スピードを落とすための急角度のコーナー）を曲がり、一コーナーに向かって加速していくのだが、成瀬が軽々と曲がっていくコーナーを豊田は同じ速度で曲がれない。少し無理をするとスープラの後輪が滑り、音を立ててスピンしてしまうこともあった。

成瀬は先導してブレーキングやコーナリングのお手本を見せるだけで、手とり足とりという教え方はしなかった。言葉による細かい指導をするのではなく、走って、考えさせる。章男さん、引き出しをいっぱい持つんだ、と。

同じ性能のクルマを追走しながら、豊田はどうすれば成瀬と同じ走りができるのかを考え続けた。

自分では恐くて入っていけないコーナーに、なぜ彼は易々と飛び込んでいけるのか。同じ速度で曲がろうとしたとき、なぜ彼のクルマの挙動は安定し、自分はふらふらとリアが落ち着かないのか。過重移動の練習を何度も繰り返し、体にコツを覚え込ませようとした。

豊田は成瀬とともにスープラでコースに出ると、ほとんどの場合、ガソリンがなくなるまでピットに戻ってこなかった。

初めはそのうち音を上げるだろうと半信半疑で見ていた社内ドライバーたちも、次第にそのあまりの熱中ぶりにこんな冗談を飛ばすほどだった。なあ、ガソリンを半分にしておけ。

運転訓練の現場によく立ち会った金森信明は言う。

「ちょっと言葉は悪いですけど、呆れるくらいでした。何しろ乗ったら乗りっぱなし、降りてくるのは言葉通りガソリンがなくなるときしかないんです」

豊田は慶應大学時代にホッケー部に所属し、一時は日本代表に選出された男でもある。ホッケーでならした体力は本物で、どれだけ周回を重ねてもバテるということがほとんどなかった。一方の成瀬は痩せ型で体力に自信のあるタイプではなかったが、技術の差でそれをカバーしてとことん付き合っていく。

同じく高木実も言う。

「途中でそろそろ休憩を挟もうと止めると、社長が『どうして止めるんだ』と怒る。それくらいクルマと一緒にいる時間を大切にされていました」

12

それにしても――なぜ豊田章男はトヨタ自動車の役員として多忙な日々を送りながら、ここまで成瀬のドライビングレッスンに熱中したのだろうか？

私はそれが「豊田家」に生まれた彼にとって、自分にしかできない何かであると同時に、自分はいますべきことをしているという実感を、確かに与えてくれる「現場」だったからなのではないか、と彼らの話を聞きながら思うようになった。

豊田章男は一九五六年、章一郎と三井財閥一族の三井高長の三女・博子の長男として生まれた。豊田はいまも一貫して「名誉会長」と対外的には呼ぶ父親に、かなり厳格に育てられたと述懐している。

慶應義塾高等学校から慶應大学法学部に進んだ彼は、前述のようにホッケー部に所属してホッケー男子日本代表に選出された。だが、一九八〇年のモスクワオリンピックは、前年のソヴィエト連邦によるアフガニスタン侵攻のために西側諸国のボイコットが相次ぎ、日本の参加はなかった。

慶應大学卒業後、彼は起業家教育で有名なアメリカ・マサチューセッツ州のバブソン大学経営大学院でMBA（経営学修士）を取得し、一九八二年に同国の投資銀行A. G. Beckerに就職した。

豊田はレーサーの木下隆之からの取材に対して、MBA取得後もアメリカに残った理由を次のように語っている。

〈私にも帰国するという選択肢はあった。だけど、ただ机の上で経営学を学んだだけで、実践を経験していなかった。授業の一環でさわり程度の体験をしただけですよ。それでは本物ではない。語学も身につきましたけれど、まだ完璧ではない。そこに恥じる気持ちが芽生えたんです。それで投資銀行に就職しました〉

こう聞くと将来的にはトヨタ自動車への入社を考えていたようにも感じられるが、豊田はそれを否定している。両親から入社を勧められたこともなく、一時はそのままアメリカで過ごすことも考えていたという。

同じドライバー同士という気安さもあったのだろう、同書のなかで豊田はかなり打ち解けながら、木下の質問に対して当時の素直な思いを吐露している。それによると、彼はアメリカで社会人としての最初の一歩を踏み出してしばらくすると、次第に「一体、自分は誰なんだ？」という思いにとらわれるようになったという。それは一人の二十代の若者として、「豊田家」に生まれた彼を苛《さいな》んだ激しい葛藤だった。

例えば、親しい友人が誰かを紹介してくれる。そうして人間関係が広がっていったあるとき、彼はその友人や新しく出会った人々が、自分を「豊田家の嫡男《ちゃくなん》」として見ていることにふと気付く。あるいは会社でも同じように、自分が様々な意味で注目されているという視線を感じた。前述のような思いが胸に生じてくるのはそんな瞬間だった。

〈私自身は豊田章男というひとりの男だと思っていた。だけどやはり周りの目は違った。じゃあ、自分はどう生きればいいんだ？　何を期待されているんだ？　男・章男はどこにいるんだ？　自問自答の毎日でしたね。まだ若かったので、押しつぶされそうになりました。ただ根がポジティブ思考なので、どーんと暗いところに落ち込むようなことはありませんでしたけれど、思いは複雑でした〉

彼がトヨタへの入社を決意するのは、就職してから二年が経った頃である。ニューヨークのオフィスで働いていたある日、豊田は上司からこう問われたという。

〈君は頑張っているけれど、どうせ同じ苦労をするのだったら、トヨタのために苦労したらどうなんだ？〉

このとき彼は〈ここは私の居場所ではない〉とついに覚り、〈豊田の姓を素直に受け入れよう、これも運命なのだ〉と心を決めた。

〈（決断してみると）悩みは消え去って、一転、晴れやかな気分になった。豊田章男という個人が『トヨタの豊田章男』になることは、まさに〝運命〟とともに生きることでもあるのだと、自分に言い聞かせたんです〉（以上、前掲書）

章一郎は「おまえを部下に持ちたいと思う人間はトヨタにおらんだろう」と言っていたが、豊田は元町工場工務部日程課からキャリアをスタートさせた。

その後、経理部や財務部を経て、生産調査部では販売部門への「カイゼン」の導入による納車時間の短縮などの改革で頭角を現した。一九九八年には自動車についてのニュースや情報を発信するポータルサイト「GAZOO.com」を立ち上げ、これが後に成瀬弘をリーダーとするNチームや、ニュルブルクリンク二四時間レースへの参戦の母体となっていく。そして、二〇〇〇年に取締役になるまでは後に自身が撤退を発表するゼネラルモーターズとの合弁会社ニュー・ユナイテッド・モーター・マニュファクチュアリング（NUMMI）の副社長を務めた。

成瀬との出会いが経営者としての豊田に強い影響を与えたのは、こうしたキャリアのなかで彼が「トヨタの豊田章男」とは誰か——というアイデンティティをめぐる問いにいずれは答えを出すつもりでいたからだった。豊田姓に生まれたことは、選択の余地のない運命だ、と彼は言う。では、その運命に報いるためには何をすべきか。彼にとって成瀬との日々は、生まれながら自らにかけられた謎を解くことでもあったのだろう。

そして、彼がそのなかでついに抱き始めたのが、「トヨタのＤＮＡ」として自らが引き継ぐべき「現場」が、そこにあるという実感だったのだ。祖父・喜一郎が路上で故障中のトラックの修理を自ら地べたに這いつくばってしたように、英二や章一郎が自ら現場で開発中の試作車を触ったように。

「もともとトヨタは喜一郎が日本に自動車産業を興すために始まった会社です。その意味で私は生まれたときから、たくさんのクルマに囲まれて育ってきました。名誉会長が海外のクルマを持ってくることもあったし、トヨタ車のほとんどにいろんな思い出があるんです。その時代時代のクルマを見ると、そこに音楽や景色がくっついている。だから、僕の人生はクルマ抜きには語れない。

自分自身、他の人生を考えた時期もありました。二十代のあのときだけではなく、三十代の頃、四十代の頃、五十代になってもね。その度に悩んで、結局はこれしかないんじゃないのか、と結論を出してきたんです。良いか悪いかではなく、ここで頑張れと自分は生を受けた。悩んでも、どんな苦労があっても、こっちがいいよね、と。そんななかで出会った成瀬さんは、僕のなかにもともとあったクルマへの思いを本気にさせる伝道師でした。彼は単に『クルマが好き』と言っていた僕に、運転の仕方、その語らい方、世界の道の厳しさを教えてくれた。自動車産業を見る目の幅と深さをくれたんです」

運転訓練を熱心に続けている豊田章男に対して、「道楽」という声が出てくるのは先に述べたとおりである。特にしばらくして「GAZOO.com」を母体にレース活動を始めると、その声はトヨタ自動車内部だけではなく、雑誌メディアなどでも書かれるようになっていく。豊田家の御曹司がレーシングスーツに身を包み、会社を私物化するようにレースを好き勝手にやっている――そんな話題は格好のネタだった。

だが、そうした声について成瀬は事もなげに言った。

「自動車会社の社長がクルマに乗って何が悪い？」

何より豊田が社内外の視線に惑わされなかったのは、ともに運転訓練を行なうテストドライバーたちの彼を見る目が確かに変わっていったからでもあった。

ある程度の運転の基礎を豊田が身に付けていくと、成瀬はスープラだけではなく国内外の様々な車種をテストコースに持ち込み、感想を訊ねるようになった。ある日本を代表するスポーツカーの一台に乗り、豊田は冗談交じりに言ったものだ。女子大生と合コンをしたみたいだ、そのときは楽しかったけれど、家に帰ってから別に行かなくてもよかったと後悔するみたいなさ。

あるいは、ポルシェに乗って「難しい」と感想を話すと、成瀬はいつものようにニヤリと笑って言うのだった。

「それは章男さん、クルマに馬鹿にされているんだよ。ポルシェはドライバーを選ぶんだ」

そんな様子を間近で見ていたテストドライバーたちは、次第に豊田を自分たちの世界に受け入れていった。

「例えば、僕らがある車種の開発テストをする際には、担当の課長や部長がいますよね」

と、トップガンの一人である江藤は語る。

「いまも昔もそうした立場の人で、熱心にクルマに乗る人は意外と少ないんです。だから、僕らが実際に乗って感じたこと、その上で訴えていることがなかなか彼らにダイレクトに伝わっていかない。結果、クルマづくりが書類だけで進められてしまう。それに対するフラストレーションは確かにありました。その意味で会社を経営する立場の人が同じ土俵の上でクルマを走らせ、話ができるというのはとても良いことだと思いました」

しかも、豊田章男は将来的には社長になるはずだと誰もが思っている人物だ。

「そういう人がクルマのことをきちんと理解しようとしている。いままでは僕らのように作る側と管理する側とのあいだに溝があった。いいクルマをつくろうとしていく上での考え方やベースが違った。その溝を章男さんは埋めてくれるかもしれない。そんな期待を僕らは持つようになっていったんです」

彼らは後に「もっといいクルマをつくろう」と繰り返し語り続けることになる、豊田章男の最初の理解者だといえた。そして、そのメッセージはいずれトヨタ社内で、彼らテストドライバーたちとやり取りを交わす開発陣にも徐々に浸透していく。

例えば二〇一五年の春、世界初のFCV（燃料電池車）の量産車「MIRAI」のチーフエンジニアを担当した田中義和は、私の取材に対してこう答えている。

「油で手を汚さなきゃいいクルマはできん、と言った喜一郎さんと社長は一緒ですよ。私らも反省しなければならないのですが、一時期のトヨタでは技術者がスーツを着るようになっていたんです。二〇〇九年の頃なんて、みんな作業服を着なくなった。現地現物と口では言ってときどき現場には行くけれど、そうじゃないときはスーツを着てオフィスにいる。それではいかんと社長自らが作業服を着るようになって、雰囲気が変わってきた」

田中によればMIRAIの先行車の役員試乗が東富士研究所で行なわれたとき、豊田は経営陣のなかではただ一人、第三周回路と呼ばれる所内のワインディング路（曲がりくねった道）でもクルマを評価したという。通常、役員試乗は第一周回路のオーバルコースでのみ行なわれる。その際、燃料電池のスタックを運転席の真下に置いて重心を下げ、ボディの剛性を意識して高めたMIRAIについて、田中は運転席に座る豊田に熱心に話した。社長、このクルマは走りにもこだわっているんですよ。すると豊田は言ったのだった。それは第三周回路を走ってほしいということ？　ええ、ぜひ。

「我々にとってクルマを良くしようと言ってくれるリーダーは有り難い。しかもその人が実際に第三周回路に乗ってくれるのだから、これほど心強いことはありませんでした」

だが、これはもっと先の話だ。

ともかく江藤や高木たちは実に彼らしいやり方で、テストドライバーとしての豊田を受け入れることにした。

それはヤマハのテストコースで、彼らが一列に並んで走っているときだった。成瀬の背中を追いかける豊田の後から、さらに数台のスープラが全開域のまま続いていく。

あるコーナーで豊田はアクセルを必要以上に踏み込み、スープラのリアタイヤが滑り始めた。彼は咄嗟にカウンターステアを当ててコーナーを曲がり切った。挙動を立て直した豊田がバックミラーを見ると、背後のスープラは自分にぴったりと付いたまま離れていなかった。

もしスピンを喫《きっ》していれば衝突は避けられなかっただろう。この程度であれば車体をコントロールできるはずだ、という信頼があったからこそ、背後のスープラは自分から離れなかったのだ。

「そのときにさ――」

と、豊田は言う。

「ついに彼らの仲間に入れてもらえたと思ったんだ」

成瀬がニュルブルクリンクで毎年開かれる二四時間耐久レースへの出場を提案したのは、それからしばらくしてのことだった。

13

ニュルブルクリンクはドイツの自動車史のなかで、建設当初より「テストコース」としての役割が色濃く反映されたサーキットだ。

全長二〇キロメートル以上、百七十を超えるコーナーの数、一周すると高低差三〇〇メートルというアップダウンの激しさ。市販車の開発にとって過酷な環境を限なく用意するコースは、アイフェル地方と呼ばれる丘陵地帯に敷かれている。「ring《リンク》」とはドイツ語でサーキットのことを指し、広大な森の中心には褐色の古城・ニュルブルク城がそびえ立っている。

ニュルブルクリンクの歴史は極めて古く、創設の計画は百年以上前の一九〇七年にまでさかのぼる。ドイツのダイムラー社がガソリンの四輪車を開発したのが一八八六年、アメリカでヘンリー・フォードがフォード・モーターを設立したのが一九〇三年だから、自動車産業の創設期から歴史を重ねてきたサーキットなのだ。

コース近くの幹線道路沿いにある小さな売店で買い求めた『ニュルブルクリンクマスツーリズムの観光地』（未邦訳）によると、建設の背景には一九〇四年と一九〇七年、ドイツで開催されたレースでフランス車やイタリア車が勝利し、自国の自動車産業の競争心に火が点いたことがあったそうだ。

当時、ドイツ国内にはサーキットが存在しなかった。そのためレースは公道で行なわれていたが、タヌウス郡で開催された後者のレース（「皇帝杯」と銘打たれた）でダイムラー社が再び敗れると、レースの主宰者である皇帝ヴィルヘルム二世は次のように語ったという。いわく、ドイツの自動車産業が「勝てるクルマ」をつくるためには、自国にレースコースを建設し、モータースポーツを国として振興する施策が必要である——と。

ニュルブルクリンクの建設は第一次世界大戦の影響で一度白紙となるものの、一九二〇年代には一転してドイツ帝国がサーキット建設を国策と位置づけた。莫大な助成金をサーキットの建設に投下したのは、自動車産業の振興に加えて、地元の高い失業率を解消するための公共事業、道路建設の実験、アイフェル高地の観光対策など他にも様々なメリットがあったからだという。

後に「自動車開発の聖地」と呼ばれるサーキットの建設はそのようにして認可された。建設は一九二五年から始まり、竣工は二年後の一九二七年である。

その設計では初めから自動車の開発にとって必要な条件が、重要な要素として考慮された。よって最高速度よりも〈公道としての性格〉が優先され、緩やかな高速コーナー、丘を上り下りしながらの左右それぞれ約八十のカーブが配されると同時に、ヘアピンカーブのような構造は意識的に避けられた。『ニュルブルクリンク マスツーリズムの観光地』によれば、

〈このようなコースを設計した人々の確信は、一九二七年の雑誌『デア・ニュルブルクリンク』第七号で次のように表現されている。

「ニュルブルクリンクでのテスト走行でこのような要求に十分に応えた自動車は、どこでも実用車として通用するであろう」

一九三五年にニュルブルクリンクの広報担当官ハンス・ブレッツは、この確信を短く的確に、「ニュルブルクリンクでテスト済みならだれでも誉める」と表現している〉

と、いうわけだ。

「カルーセル」（回転木馬）と呼ばれる
ノルドシュライフェの名物コーナー

そうして竣工したニュルブルクリンクは「ヒトラーが作ったコース」とも呼ばれるが、その理由は一九三三年一月三十日に発足したナチス政権下において、国からの助成金によって大規模な改修工事が行なわれたからだ。この言葉通り、ナチス政権はニュルブルクリンクで開催される「アイフェルカーレース」を、政権のプロパガンダのために大いに利用した。

コースは第二次世界大戦時に爆撃を受けて損壊したものの、終戦後に修復されて一九五一年にはF1ドイツグランプリの開催が再開されている（ノルドシュライフェでは安全面の課題から数度の改修が行なわれてきたが、二〇一三年の映画『ラッシュ／プライドと友情』でも描かれたニキ・ラウダの大事故があった一九七六年を最後に、F1の開催はなくなった。その後、隣設するグランプリコースが同地におけるF1レースの舞台となる）。

そして、このサーキットで現在まで続くニュルブルクリンク二四時間レースが始まったのは一九七〇年。日本では川合稔がトヨタ7のテスト中に事故死し、成瀬弘の所属する第七技術部が解散に向かっていくのと同じ年のことであった。

14

成瀬弘がこのニュルブルクリンクという、歴史的にも走行するにも一筋縄ではいかない伝説的なサーキットを初めて訪れたのは、トヨタがレース活動から撤退する前年、一九七三年の夏のことだった。

この頃の成瀬は、仕事上で大きな岐路を迎えていた。

二年前にトヨタ7の開発を中止していたトヨタは、第七技術部を解散し、一九七一年からTMSC-Rという子会社を設立してレースを続けていた。それはトヨタチームのレーシングドライバー・福澤幸雄や川合稔の事故死によるレース活動への社会的な批判の高まりを受け、チームの運営を続けるための策だった。

以後、トヨタ本社では第七技術部の代わりに第一七技術部が新たに設けられ、成瀬はこの部署にメカニックとして所属し、車両開発やレースメカニックを担当した。レースに使用されていたのはカローラクーペ、セリカ1600GTやマークⅡターボなど。社内のガレージでこうした市販車をレース車両に改造するのが、彼の主な仕事だった。

この頃の成瀬が懇意にしていた人物に、トヨタのエースドライバーの一人に昇格した高橋晴邦がいる。

まだ二十代中盤の高橋は、第七技術部のエンジニアだった前述の加藤眞がトヨタを退社して設立したファクトリーチーム、シグマオートモーティブのドライバーにも起用され、富士スピードウェイでのレースやル・マン二四時間レースに参戦、自らもスタードライバーの仲間入りを果たした。

高橋はトヨタチームからレースに出場する際、少し年上のメカニックである成瀬を兄のように慕った一人だった。

現在、自動車用品の企画・開発会社を営む彼は、髪がロマンスグレーとなったいまでも垢ぬけた雰囲気を漂わせながら、新宿区の事務所で懐かしそうにいくつかのエピソードを振り返ってくれた。

例えば、セリカのレース車両の開発を続けていたあるときのことだ。

いつものように外が暗くなるまで作業し、ようやく夕食をとっていると、成瀬は同意を求めるようにこんなことを言った。

「なあ、晴邦君。ドライバーとメカは夫婦以上のものじゃないと駄目だよな。お互いのことを、それくらいによく分かり合ってさ。まあ、夫婦にもいろんな夫婦がおるけどな」

高橋がいまもこうした会話を思い出すのは、レーシングドライバーという仕事のなかで、この言葉通りの出来事を成瀬との関係において何度か経験したからだった。

富士スピードウェイで開催される一〇〇〇キロメートルレースに参加するため、新型のセリカ・ターボの開発が山場に差し掛かった頃、エースドライバーの座を手にした高橋は意気揚々とした気持ちでいた。

トヨタ7でアメリカのCan-Amに参戦する夢は川合の事故の後に立ち消えになったが、トヨタのエースドライバーの一人に選ばれてからは、周囲の環境はがらりと変わっていた。

かつてはクルマのセッティングについて課題を感じても、メカニックたちのドライバーを見る目は「黙って走れ」というものだった。しかし、エースドライバーになれば、自分の意見もしっかりと尊重されるようになる。

そんなある日、東富士のテストコースを新型セリカでしばらく走り、エンジニアやメカニックが待つピットへ戻った彼は、

「前輪のグリップが弱い気がする。前のスポイラーの角度を二、三ミリ上げてくれないか」

と、エンジニアに伝えた。

すると、チーフメカニックである成瀬は素早く作業に取り掛かり、クルマのフロント部分を少しいじってから「オッケーだぞー」と声を上げた。再びコースを周回したときのラップタイムは前回よりも早く、高橋は自身の感覚の正しさを確認した。

「ああ、良くなりましたよ。オッケーです」

と、彼はピットに戻ってから成瀬に声をかけた。

ところが、それから一年ほどが過ぎたとき、成瀬は含み笑いをしながらこう言うのだった。

「晴邦君、じつはあのときさ、俺は何もしとらんかったんだぞ」

高橋は笑いながらこの話をすると、「要するに」と続けた。

「少なくとも僕は成瀬さんが『オッケーだぞ』と言えば、それだけでタイムが上がるくらい安心して走れたんだ。だから、夫婦の関係、っていうわけ。そういう信頼感がドライバーとメカのあいだには絶対に必要だということを、彼は盛んに僕に言ってたんだ」

また、もう一つ高橋の記憶に印象的なものとして残っているのは、トヨタがレース活動から完全に撤退する前年の一九七三年のことだ。

この年、高橋は加藤眞のシグマオートモーティブのル・マン二四時間レースへの参戦を受けて、シグマ製のプロトタイプマシンを富士スピードウェイでテストしていた。

その日は会社のレース活動が縮小され、時間を持て余していた成瀬が東富士研究所から見学に来ていた。腰の高さくらいの仕切りがあるだけの粗末なピットで、彼はいずれル・マンに持ち込まれるマシンを興味深そうに見つめていた。

そんな状況でのテスト走行中に、高橋は何か曰く言い難い違和感を抱いた。最終コーナーを曲がって長いホームストレートを全開で走ろうとしたとき、「あっ」と彼は思った。それははっきりと言えるほどの大きな異変ではなかったが、ドライバーとしての勘が囁《ささや》くような危険の予兆だった。何かがいつもと違うのだ。

慎重に走行を続けてピットに戻った高橋はメカニックに違和感を伝えた。

しかし、クルマを点検してもこれといった問題は見つからない。

「大丈夫だよ。何も問題はない」

それでも高橋は食い下がり、

「もう一回、よく見てくれよ。左の後ろだよ」

と、言った。

彼らはタイヤを確認し、排気管の状況も確認した。

「大丈夫。排気も見たけど問題ないよ」

「でも、何かが変なんだ」

そんなやり取りを続けているのを見兼ねたのだろう、ピットサイドで様子を窺っていた成瀬が仕切りの脇を通って近寄ってきた。

そして、彼はマシンの後輪部分をしばらく覗き込むと、一本のドライバーを逆さまにして手に取り、その柄の部分で後輪のホイールを何度か叩いた。すると、なんとホイールを取り付けていた五本のナットのうちの一本が、ポロリと折れてしまうではないか。

周囲はその様子を唖然として見つめていた。すぐにテストは中止され、原因の究明が開始された。

「設計者もメカニックも『おかしいな、折れるわけないのにな』と言っていたけれど、ナットは確かに折れたんだ。お陰様で僕は怪我をしないですんだってわけだ」

この話には後日談がある。

あくる日、高橋は設計担当のエンジニアから電話を受け、「すみません」と謝られた。それによると開発の過程で強度計算に誤りがあり、ボルトの直径が二ミリほど足りなかったという。

「プライベートチームだから、ル・マンに持っていく前にテストでクルマを壊したら大変だ。でも、当時のレーシングマシンってのは全部ゼロからつくるので、たまにそういうミスがどうしても出てきちゃうんだ」

高橋がそうした思い出を私に語ってくれたのは、成瀬のメカニックとしての能力の高さを伝えようとしたからではなかった。

高橋が私に言いたかったのは、こういうことだ。

成瀬は前述のように日頃から高橋に対して、「ドライバーとメカニックの信頼関係」の大切さを繰り返し語っていた。自分が「成瀬さんがメカなら安心して走れる」とタイムを上げたように、成瀬もまた「晴邦が言うのだから、何かがあるんだ」と信じたからこそ、見過ごされるかもしれなかった不具合に気づくことができたのだ、と。

「成瀬さんというのは、そういうメカニックだったんだ」

ところで、成瀬がそのようにシグマオートモーティブのテスト現場に顔を出していたのは、トヨタがレース活動を縮小し、完全撤退が間近に迫るなかで、彼自身が今後の身の振り方について悩んでいたからでもあった。

トヨタに臨時工として就職してから十年。間もなく三十歳になる彼は、それまでのキャリアのほとんどをレースの現場で歩んできた。レースから撤退後のトヨタで、自分がいかなる仕事をしていくことになるのかを考えると、そこはかとない不安を胸に抱いただろう。

そんななか、年上のエンジニアだった加藤眞が設立したシグマは、成瀬にとって魅力的な職場だった。加藤は自らの夢を実現するために、一九七一年にトヨタを辞めてシグマを設立した。同社には第七技術部出身のメカニックもおり、レースの本場であるヨーロッパで戦うため、しかも世界三大レースとうたわれるル・マン二四時間に出場するため、レーシングカーを第七技術部の全盛期のように開発する彼らが、成瀬には羨ましかったに違いない。

シグマオートモーティブはトヨタ本社からクルマで二十分ほどの若林町にある。仕事終わりに成瀬はそこまで足を延ばし、加藤の様子を何度か見に来た。

加藤は当時を振り返って、

「成瀬はうちに来たいというそぶりは見せていましたよ。夜、仕事が終わるとここに来てね。レースというのは、ある意味では若者にとって刺激のある仕事だ。結果がすぐに出るから職場としては面白い。若者にとってはね」

と、言う。

「でも、これは成瀬に対してだけではなかったけれど、うちに来るのはやめろと言っていた。少なくとも僕がトヨタを辞めるに当たって、メカニックを連れていくわけにはいかない。だから、うちには来るな、と。トヨタを辞めることを前提に動いてきた僕がリスクを背負うのはいい。でも彼らにはリスクを背負わせられないでしょ。それに、成瀬の奥さんだって絶対に反対するに決まっている。トヨタというのはサラリーマンにとっては安全圏だから、そこで仕事をするようにと言ったんだ」

だが、もし加藤からの誘いがあったとしても、家族を養わなければならない成瀬はトヨタに残る決断を結局はしたのだろう。

若くしてトヨタ本社近くの食堂の娘だった保江と結婚した彼は、すでに幼い二人の息子の父親でもあった。家族を養うのは自分しかおらず、加藤のプライベートチームでの挑戦に加わるには相当の勇気が必要だった。

一九七四年二月にレース活動からの撤退が正式に決まると、かつて第七技術部にいた面々はしばらくのあいだ、キャリアの空白のような時間を過ごした。

メディアを賑やかせるドライバーたち、ライバルの日産との闘い、鈴鹿サーキットや富士スピードウェイでの観客の熱狂。それらの喧騒や興奮はすでに遠くに追いやられ、夢のなかの出来事のようだった。そんななかで、竹平素信のように会社を飛び出してレースの世界に立ち戻ろうとした者もいたが、トヨタに残る者は華やかな日々は胸にしまい、再び一人のサラリーマンに戻る必要があった。

話は前後するが、成瀬が「ニュルブルクリンク」というサーキットに出会ったのは、そのようにトヨタがレース活動から離れていこうとしていた一九七三年の春のことだった。

ある日、彼は上司に呼ばれると、「ドイツに行ってくれないか」と思わぬ提案を受けた。

何でもスイスにあるトヨタのディーラーのオーナーがセリカ1600GTで耐久レースの選手権に参戦するため、日本からメカニックを派遣することになったという。彼らが出場するのはベルギーのスパ・フランコルシャン、それから西ドイツのニュルブルクリンクというサーキットで開催される耐久レースだ、と成瀬は伝えられた。

15

一九七三年は二年前にアメリカがドルと金の交換停止を発表し、「ニクソンショック」によって定められた「一ドル三百八円」の暫定レートが、ついに変動レートに移行した年だ。

この年にアメリカはベトナム戦争の終結を宣言し、国内では水俣病訴訟でチッソをその原因企業とする判決が出されている。山口百恵がシングル「としごろ」でデビューし、江崎玲於奈が日本人として四人目となるノーベル賞を受賞、そして、十一月には第四次中東戦争のなかでアラブ諸国が石油の供給削減を決定し、第一次オイルショックが起こった。

この頃、成瀬は前述の通り二人の息子を持つ父親になっていた。

妻の保江は当時を思い返すとき、「家にいないのが普通の人でしたから」と苦笑して言う。

「LFAの開発が始まってからもそうですし、昔だって本当にひと月に何度も帰ってこなかったんですから。でも、それだけ打ち込めることに出会えたのだから、主人にとっては良かったのでしょう」

彼女が成瀬と知り合ったのは二十歳の頃だ。当時、トヨタ社員のなかでクルマの好きな者たちは、サークルを作ってラリーをしていた。三河の山々や長野県との県境に位置する茶臼山の峠を、休日になると彼らは走った。その遊びのグループに出入りするうちに出会ったのが、朴訥な若いメカニックの成瀬だった。

保江の実家はトヨタ本社の近くで「五楼八」という名の定食屋を営んでおり、昼時や夜になると社員たちが出入りしていた。そのなかで「TEAM TOYOTA」と書かれた赤いつなぎ姿の第七技術部のメカニックは、他部署の若者たちから羨望の目で見られる存在でもあった。

ただ、成瀬はトヨタのレース部門に異動してからというもの、東富士研究所、ヤマハの袋井のテストコース、富士スピードウェイに鈴鹿サーキットと単身赴任や出張ばかりで、ほとんど家にいた例がなかった。

　そのくせたまに帰ってくると子供たちに厳しく、二人の息子はそんな父親にあまり懐《なつ》いていなかった。これは息子たちが少し大きくなってからのことだが、保江たちが楽しそうに会話をしていると、成瀬は「あんたはいいなァ」と少し寂しそうに言ったことがある。

「お父さん、それは厳しくするからですよ。子供たちのことは長い目で見ないとだめですよ」

　彼女はそう笑って言ったが、仕事一筋の人生を送っているように見える彼にも、家族の団欒《だんらん》からはじき出されている自分に、微かな孤独を覚えることがあるのかもしれなかった。

　当時、七歳だった長男の弘司は次のように言う。

「家での親父はとにかく厳しい。その他の言葉では言い表せないような人でした」

　現在は愛知県で教師をしている彼は、自分の考えに耳を傾けてもらったことは一度もなかった、と父親としての成瀬について続けた。

「親父にとって僕らは常に子供でした。見守るということをしない人で、何を言っても『ダメだ』から始まる。父親を戦争で亡くして、家が経済的にとても貧しかった親父は末っ子だったし、我がままを何一つ言えずに育ったのだと思います。自分も子供時代に苦労をしてきた、だから、我慢をしろ、ということだったのかな……。ただ、僕らも若かったので反発する。大人になるにつれて、ほとんど会話も交わさなくなっていきました。成人してからも親父とはゆっくり話す機会を持てなかったし、そもそもそういう気持ちになれなかった、という思いがいまでもあります」

同じように次男の久史も話すのだった。

「私は高校を卒業してから東京の大学に行ったので、父と暮らしたのは十八歳まででした。その後はほとんど実家に寄りついていません。だから、トヨタのテストドライバーをしているというのも、豊田さんに運転を教えているというのも、直接聞いたことはありませんでした。雑誌に出ている父親を見て知ったんです」

家庭人としての成瀬弘は、典型的な亭主関白な男だった。

平日は仕事で帰りが遅く、休日も会社から持ってきたクルマに乗って朝からどこかへ行ってしまう。ときおり休みの日に家にいると、テーブルの前に座ってテレビを見たまま動かず、「家族がみんな困ってしまった」と久史は語る。子供との接し方も下手で、「何かというと怒ってばかりいた」という。

また、珍しく夏休みなどに家族旅行にでかけても、立ち寄った観光地に長居を決してせず、証拠作りでもするように神社仏閣に立ち寄り、すぐにクルマに戻ってしまうのもみなを辟易《へきえき》とさせた。

そんな成瀬弘を二人の息子は「怖いばかりの人」と感じていたが、ただ、一方で彼は彼なりに父親であろうと努力をしていたのかもしれない、と思わせるエピソードもある。

「小さい頃に東富士研究所に赴任していたとき、富士スピードウェイのレースに何度か連れて行かれました。ピット内にも入れてもらったのをよく覚えています」

と、弘司は話す。

もう一つ、彼らには大学生になって運転免許を取得した頃、「運転を教えてやる」と言われて豊田市郊外の峠道を父親と一緒に走った思い出があった。家ではほぼ会話のない親子関係だったが、クルマの運転の仕方を息子に指南しようとする父親は饒舌だったという。

社会人になってしばらく経った頃のことだ。正月に実家へ帰った弘司は、机の上にさりげなく自動車雑誌が置かれているのに気づいた。そこにはトヨタのテストドライバーとしてインタビューを受ける父親の姿が掲載されていた。

「そんなふうにせんでも、言ってくれればいいのにね。お互いに仕事の話は全くしませんでしたから、そうやって雑誌だけを置いて……。テレ屋なところもあったのかもしれません」

成瀬は酒も煙草もやらない。結婚した当初は日本酒でもウィスキーでもごちゃ混ぜにして飲んでいたが、朝も夜もない第七技術部の不規則な仕事の影響もあったのだろう、一週間ほど肝臓を壊して入院して以来、全く酒を飲まなくなった。

ときおり成瀬はトヨタチームの懇意にしているドライバーを自宅に招待し、夜遅くまでクルマ談義に花を咲かせた。そんなときも酒は一滴も飲まず、彼は朝になると泊まったドライバーがまだ寝ているうちに職場へと向かった。

そんな彼がスイスに向かったのは一九七三年の七月のことだった。

仕事そのものが人生と言わんばかりの夫を見送る保江は、子供たちだけとの生活にすっかり慣れっこになっていた。成瀬にとって初めての海外である。かつてトヨタチームのレーシングドライバーの川合稔とともにアメリカのレースに出場するため、荷物を積み込むところまで準備していたスーツケースを引きずり、彼は妻と二人の息子に見送られて初めてのヨーロッパに旅立った。

彼は恋焦がれていたはずのクルマの本場のレースで、どのような体験をすることになるのだろうか――。巨大なスーツケースを抱えて空港に向かう成瀬もそれを見送る保江も、その仕事が自分たちの人生を大きく変えるきっかけになるとは、このときはまだ想像もしていなかった。

一九七三年の夏のこのヨーロッパ出張について、成瀬はそれほど多くを語っていない。ただ、そのときの体験は後に「ニュル・マイスター」と呼ばれる彼にとって、衝撃的なものであったことは間違いない。

成瀬は『XaCAR』二〇一〇年六月号のインタビューで、初めてニュルを走ったときのことを〈セリカで1周したらデフ（著者注：ディファレンシャルギア　左右のタイヤの回転数を調整する駆動系の装置）が焼き付きました。コーナーでオイルが偏って〉しまったというエピソードを紹介し、〈とんでもない所だ〉と思ったと語っている。

ニュルブルクリンクというサーキットの特徴は、丘陵地帯の激しいアップダウンと連続する高速コーナーが、二〇キロメートル以上にわたって繰り返されるところにある。路面に平坦な場所はほとんどなく、高速でクルマが飛び跳ねる箇所も一か所や二か所ではない。天候も広大な敷地のある場所では晴れ、ある場所では雨が降っていることも日常茶飯事だ。そのため路面の状況はめまぐるしく変化し、走るたびに変わるといっても過言ではない。日本人のドライバーはそれを「箱根の峠を全開で走っているようなもの」と語り、「まるでジェットコースターみたいだ」と話す者もいる。

成瀬が「デフが焼き付いた」というのは、それだけこのコースがクルマに負荷をかけるからだ。

際限なく続く高速コーナーでは、大きな横Gを繰り返し受ける。しかし、横からの力だけであれば、話はそれほど難しくはならない。登りながらの高速左コーナー、下りながらの右コーナーでは斜め上や下からも力がかかり、車体のあらゆる部品、血液のように循環するオイルが、その度に様々な方向から激しく揺すぶられるのだ。

一九八〇年代前半にブリヂストンのテストドライバーとして、ニュルブルクリンクでポルシェ用のタイヤを開発した黒沢元治はこうも指摘する。

「ニュルの中央にあるお城に向かう途中に、建設の碑が建っている。そこに描かれているのは、スコップとツルハシとトロッコで道を作っている人たちの姿です。要するにアレはブルドーザーも何もない時代の手作りのサーキットなんだ。僕に言わせれば、そこにあのコースの神髄がある。いまの舗装路はアスファルトの下にコンクリートを敷いているけれど、あそこは天然石をトロッコで運び、一メートル四方ごとに舗装の下に敷き詰めて道ができているんだよ。極論すると一メートル走る毎に道の様子が変化して、それが振動となって伝わってくるんだ。ゆっくり走ると普通のきれいな田舎道だけれど、高速で走るとクルマが実に跳びはねて、サスペンションの入力変化が大きいんです」

いまでこそニュルブルクリンクでも改修工事が進み、黒沢や成瀬が走った時代とは比較できないほど路面は整備されている。

だが、それでも日本の平坦なサーキットではクルマが体験しない負荷が、この場所ではかかることに変わりはない。よって国内でのテストでは発生しなかった不具合が、ニュルブルクリンクではいともたやすく目に見える形で現れる。

成瀬が初めてセリカでニュルブルクリンクを走った際、一周のうちにトラブルが発生したのもそのためだった。そうして発生する不具合を解決することで、クルマをまた一つ、また一つと強くしていくことが、「ニュルでクルマを鍛える」という言葉の意味である。


当時、成瀬の派遣されたスイスのディーラーが計画していたのは、一九七三年の耐久レースシリーズをセリカで転戦することだった。成瀬はそのうちの七月と八月を担当したのだが、その前の五月と六月のレースを担当したメカニックがいる。第七技術部時代の同僚である前述の内藤宏である。

そこで私は二か月間のヨーロッパ出張で、彼らがどのような体験をしたのかを内藤に聞くことにした。

彼の話によれば、日本からレースのサポートスタッフとして来たメカニックは、アンカレッジ経由でベルギーに到着すると、ディーラーが雇っていたケスラーという名のレース担当者に案内されてスイスに向かったという。ガレージはアウトバーンと接続される高速道路沿いにあり、道路を挟んだ向こう側に大きな建屋の工場があった。ガレージには十名弱の現地メカニックがおり、驚いたことに受付には若い日本人の女性が座っていた。何でもスイス人の男性と結婚し、このディーラーで働いているとのことだった。滞在中はこの夫婦の自宅にひと月二万円で下宿し、ガレージやサーキットに通ったそうだ。

「一日に手当が九千六百円もらえたから、三日もあれば下宿代は出ちゃう。奥さんが朝飯と夕飯を作ってくれるし、いい仕事だと思った。二か月いるだけでもお金が貯まったから、僕も女房に毛皮のコートを買って帰りました」

こう当時を振り返る内藤の印象に強く残ったのは、日本人スタッフの面倒を見たケスラーの存在だった。

「成瀬さんにとっても彼との出会いは、間違いなく大きなものだったはずです」

と、内藤は言う。

ケスラーは身長一六五センチほどと西欧人としては小柄だが、やたらと大きな声で喋る男で、ディーラーの主人の懐刀としてレースに出場するための様々な準備に奔走していた。

内藤はベルギーでのレースを担当したが、そのための移動や現地での案内には常にケスラーが同行し、あらゆる手筈を整えてくれたという。

成瀬にとってこの人物の存在は大きかったはずだと内藤が語るのは、ドイツのクルマづくりについて丁寧に解説してくれたのが彼だったからだ。

レース前のテスト走行は、ニュルブルクリンクにクルマを持ち込んで行なわれた。レース車両はスイスのガレージでセリカを改造してつくる。よって日本からはそのためのエンジンとサスペンション、ブレーキ、ギア比の異なるディファレンシャルを空輸した。それらを現地にあるセリカ1600GTに取り付けるに当たって、内藤は受付の日本人女性に通訳を頼みながら現地のメカニックとともに作業をした。

初めてニュルブルクリンクに来たとき、麦畑と深い緑に埋没するように敷かれた広大なコースを見て、内藤は「よくぞこんなコースを作ったなァ……」とただただ圧倒された。

さらに驚いたのは、実際にケスラーの運転でこのコースを走ったときだ。

「えらい壮大なところにえらい長いコースがあって、アップダウンがあって、ぜんぜん前が見えんコーナーがあって——。市販車の開発であれば、当時のクルマは時速一五〇キロも出ればいい方だったから、僕らは一〇〇キロ程度で評価を行なっていた。よもしレースカーでここを二〇〇以上で飛ばしたら、本当に怖いだろうなと思った。よくこんなところ走れるな、とおっかなびっくり乗っておったよ」

ノルドシュライフェの豪快さに助手席で度肝を抜かれた彼は、「どうしてこんなコースが作られたのか」と聞いた。

すると、ケスラーは運転をしながら不敵な笑みを浮かべた。

「ここはレースだけではなくて、車両開発も目的にしたコースなんだ」

そう言うと、

「君たちはトヨタで一般車の開発もしているんだろう？」

と、続けてコースの事細かな解説を始めた。

このコーナーではクルマのどんな動きを確認するか、その先の路面では何が分かるか——。

彼は一つひとつの実例を挙げながら、

「クルマを開発するには設計図を描いて組み立てるだけではダメだ。レースカーはレースの度に、コースに合ったセッティングに変えるだろう？　一般車も全く同じだ。いくらエンジニアが図面の通りに組み立てたところで、路面に合っていないクルマはいいクルマとは言えない。世界にはいろいろな道がある。その道に合うクルマを開発しなければならない」

つまり、「クルマは道がつくる」と彼は言っているのである。

それは彼自身の考えというよりはヨーロッパ、特にメルセデス・ベンツやポルシェといったドイツ・メーカーの開発における基本姿勢であり、そこには日本から来たメカニックに教え諭しているような雰囲気があった。

内藤は彼とこうしたやり取りを交わす前、スイスのガレージで夕方五時になるとあっさりと仕事を止めて帰宅する現地メカニックを見て、「俺たちはレース前になるといつも徹夜で作業をする。これじゃあ、いいクルマなんてできないぞ」と感想を漏らしていた。

「徹夜なんて言ったら、彼らはついてこないよ」

と、呆れたように言ったケスラーは、ニュルブルクリンクに驚く内藤にそのときの意趣返しをしたのかもしれなかった。

こうしたやり取りが記憶に残っていた内藤は、晩年にトヨタのトップテストドライバーとして評価された成瀬が豊田や雑誌メディアに「クルマの味づくり」について語り、そのなかで「道がクルマをつくる」と話しているのを知って、何十年も前のこの出来事を思い出したものだった。そして、翌々月に自分と入れ替わりでスイスに来た成瀬に対しても、ケスラーは同じことを語ったのだと思った。なにしろ、成瀬はそっくりそのまま彼の言葉を繰り返していたのだから。

「ニュルでテストをすれば、どのサーキットでも九〇パーセントはマッチングできる。あとはレースの三日前くらいに現地を少し走り、微調整すればいいとケスラーはくどいくらいに言ってた。要するに、自分たちにとってニュルはクルマづくりの基本となる場所だ、と。

ぼく自身、ここで走って満足できるクルマなら、どこにいっても走れるだろうと思った。何しろヨーロッパの公道がいろいろな形で再現されているんだ。ニュルでテストできないのは石畳での走行ぐらいで、あとはだいたいの道を網羅しておるんじゃないかな。成瀬さんもそれが身体に染みたはずだし、彼はその後の人生でそのときケスラーに言われたことを実践しようとしたんだな、と僕は思うんだ」

内藤がスイスに出張した五月と六月のレースは、結果的に二つとも中止になった。彼は少し拍子抜けして日本へ帰国したが、その後の報告書でニュルブルクリンクについて詳しく書いて会社に提出した。

「僕らが戻った後、東富士のテストコースにヨーロッパの路面を何か所か造ったんですよ。石畳や段差路なども含めてね。成瀬さんも同じように、報告書ではニュルのことを書いたはずです。その意見が受け入れられたのでしょう」

さて、この内藤と入れ替わる形でスイスに来た成瀬弘は、七月八日にニュルブルクリンクで行なわれた「ヨーロッパ・ツーリングカー選手権」の第四戦にメカニックとして参戦した。

彼らのセリカ1600GTの車体は全体がオレンジ色に塗られ、ボンネットの先端だけが黒く彩られていた。同選手権は、市販車ベースの最高峰クラスのレースである。

BMWや欧州フォード、アルファ・ロメオといったワークスチームがしのぎを削り、前日に行なわれた予選の上位を独占するなかで、予選一八位からスタートするトヨタは〈不気味な存在としてヨーロッパワークス勢に強い印象を与えた〉と『オートスポーツ』一九七三年九月号はレポートしている。

その日のレースには百七台がエントリーし、フォードチームがエマーソン・フィッティパルディとジャッキー・スチュワートという二人の大物Ｆ１ドライバーを招聘したため、ピットにはいつもより多くのファンや記者が詰めかけていた。

ポールポジションのＢＭＷにはニキ・ラウダが乗る。トップドライバーたちがそろった豪華な顔ぶれに、観客たちの興奮は最高潮に達していた。世界のレース界にとって当時最も著名だった人々を間近に見ながら、成瀬は本場・ヨーロッパのレースの空気を思う存分に吸うことができた。

午前十一時にスタートしたレースは、ニュルブルクリンクらしいいまにも雨が降りそうな曇り空の下、ポールポジションのニキ・ラウダを先頭に七十六台が争う激しいものとなった。

十八番手からスタートした成瀬たちのセリカは、一週目に後続車に追突されてスピンを喫している。だが、幸いにもダメージを受けずに走行を続けた。

六時間の耐久レースの後半、彼らは徐々に順位を上げ、一時は五番手を走るという好走を見せた。そして、スイス・トヨタチームの面々をさらに興奮させたのは、レース終盤、序盤にトップを走っていたニキ・ラウダのＢＭＷがマシントラブルで順位を下げ、背後から猛然と追い上げられる体験をしたことだった。

レース残り一時間、セリカは一周目の接触によるスピンを除いては終始問題なく走り続けていた。だが、後ろからは予選十五番手だったアルファ・ロメオ２０００ＧＴＡｍ、さらにはラウダのＢＭＷが猛然と追い上げてくる。エンジン排気量の差は歴然としており、セリカは二台にかわされざるを得なかった。特にアルファ・ロメオは同クラスであるため、目標としていたクラス優勝をかけた争いは熾烈なものだった。

目の前を通り過ぎて行ったマシンが無事に戻ってくるのを、周回ごとに気が気ではない思いで待ち続けるのが、当時のメカニックやエンジニアという仕事だ。例えば、成瀬の同僚だった加藤眞は言う。「昔はピットから最終コーナーにクルマが現れるかどうかを、周回の度にどれほど心配していたものか」と。

日本のレースの現場しか知らなかった成瀬にとって、一周が約九分間のノルドシュライフェは異様なほどの長さに感じられただろうし、また、その体験は彼に「ニュルブルクリンク」というサーキットの凄まじさを強く印象付けた一つの要因になったはずだ。

レース終盤に背後から迫るワークスマシンに抜かれたセリカは、結果的に六位でチェッカーフラッグを受けた。クラス優勝こそ逃したものの、彼らは目標だった１６０

0ccのレコードタイム九分二九秒五を記録。『オートスポーツ』誌は〈初陣セリカあっぱれ6位入賞!!〉と彼らの健闘を称えた。そして、同誌にはセリカのゴールをピットから身を乗り出して見つめる成瀬の姿が、小さく掲載された。

16

三十代を迎えた成瀬弘は、こうして後に数えきれないほど周回を重ねることになるニュルブルクリンクと出会った。しかし、帰国後の彼を待ち受けていたのは、トヨタのモータースポーツからの完全撤退という時代の流れだった。

その翌年に加藤眞のシグマのガレージやテストの現場に出入りするとき、成瀬が思い返していたのは前年の西ドイツでの鮮烈な記憶だったのだろう。

「トヨタからスタッフを引っ張ってくるわけにはいかない」

加藤にそうやんわり諌められた成瀬は、ル・マン二四時間レースに参戦しようと夢を追いかける彼らを遠くに見つめるしかなかった。

胸の内側から湧き上がってくる何事かの感情を抑え込むように、彼は自身の席を置くトヨタの第一四実験課へと戻っていく。そして、彼の「現場」は市販車の燃費・動力関係を主に担当する部署だった。

晩年、ニュルブルクリンクのレースにガズーレーシングとして参戦したときのことだ。成瀬はスタッフと夕食を取りながら、同席していたチームのレースクイーンを務める奥野静香に三十年以上前のレースの現場の話をしたついでに、ぽつりとこう漏らしたことがあった。

「一緒に世界に出ようとしていたドライバーを事故で亡くしてなァ。それでトヨタがレースを止めてからしばらくは、ボルトの数を数えているだけのような日々だったな……」

この時期に自分が何を思い、どのような仕事をしていたのかという話を、彼はほとんど過去に語っていない。当時を知るはずの同僚や関係者に会ってもそれは同じで、一九七四年からの約十年間の成瀬について、興味を惹かれるようなエピソードを聞くことは皆無だった。

レースの現場から第一四実験課に異動し、通常の業務を淡々とこなす三十代になったばかりの成瀬の姿を想像するとき、私は学生時代に読んだ海老沢泰久の『帰郷』という小説の主人公を思い出した。

海老沢の描くその短編小説は、自動車メーカーのエンジン組み立て工場に勤める一人のメカニックの物語だった。男は自社のF1参戦におけるメカニックに抜擢され、数か月間にわたって世界最高峰のレースの現場を渡り歩く。そして再び工場での業務に戻ったとき、彼は鮮烈で夢のようだったレースの興奮や熱狂の日々の記憶を持て余し、気の抜けた日々を送るようになる……。

この小説の主人公やラリードライバーに転身した後輩の竹平素信のように、二十代の全てをレース活動に捧げた成瀬もまた、祭りのあとの心の空白を埋めるために時間を必要とした一人だったのではないだろうか。

また、「ボルトの数を数えているような日々」と成瀬が自嘲気味に語るのは、彼のような第七技術部出身のメカニックが、量産車の開発の現場では異質な存在であったこととも無関係ではなかった。

成瀬はしばらくして車両試験課に戻ると、セリカXXや「ハチロク」と呼ばれて走り屋に愛されたAE86型のカローラ・レビン／スプリンター・トレノなど、スポーツタイプの車両開発に携わった。だが、その仕事は彼を心から満足させるものではなかった。

モータースポーツ車両の開発では潤沢な予算を使い、レースに勝利するためのクルマがつくられる。彼らにとっての「いいクルマ」とは、ドライバーが速く走るための高い性能を備え持ったクルマを指す。

一方で量産車を担当する開発者やメカニックにとって、直線を速く走り、急激なブレーキングに耐え、コーナーを吸い付くように曲がれる性能は、重要ではあるが追求すべき一要素に過ぎない。それらは他の利便性やコストとの兼ね合いのなかで、必要のないものとして犠牲にされることもある。あくまでも「走り」にこだわる成瀬の立場は、市販車開発の現場ではときに微妙なものとならざるを得なかった。

そもそもクルマ開発を取り巻く時代が大きく変化しようとしていた。

当時の自動車メーカーの前に浮上しつつあったのは、いかに環境に対して負荷の少ないクルマをつくるか、という現在にも連なる大きなテーマだった。

日本で公害対策基本法と大気汚染防止法が整備されたのは一九六〇年代後半。一九七〇年にはアメリカで排ガス規制の「マスキー法」が成立し、第一次オイルショックを挟んで規制はますます強化されていた。特に各社がモータースポーツから撤退した後の一九七五年からの三年間、環境庁は段階的に一キロ走行当たりのNOx排出量の規制を強めてきた。エンジンの種類や車種が他社よりも多いトヨタは、その対応に最も追われたメーカーだった。

その意味で後々まで一貫して「クルマとは乗って気持ちいいものでなければならない」と語り続けてきた成瀬は、周囲の同僚たちにとって「レース経験が豊富な参考にすべき一人のメカニック」ではあったものの、ときには少し疎ましい存在にもなったことだろう。

それは同時に日本の自動車メーカーが、いよいよグローバル化を遂げようとしていく時期とも重なっていた。

日本の自動車生産が一千万台を超え、「量」においてアメリカを抜いたのは一九八〇年。二度のオイルショックを背景に日本製の小型車への評価が高まり、すでに輸出台数は国内販売数を上回り始めていた。最大の輸出先であるアメリカとの貿易摩擦が高まる一方で、トヨタも同年に乗用車の輸出台数が百万台を突破している。

そんななか、ニュルブルクリンクと日本メーカーの関係も新たな局面を迎えていく。ノルドシュライフェが実際の「開発」の場として、本格的に使用され始めたのである。

その先陣を切ったのは、タイヤメーカーのブリヂストンだったといえる。

一九八四年、ブリヂストンはニュルブルクリンクで新しいスポーツタイヤのテストを初めて行なっている。それは「ポルシェ・アプローチ委員会」と社内で呼ばれたプロジェクトで、その名の通りポルシェの標準装着タイヤへの採用を目指す開発テストだった。

この開発物語の主人公となったのは、ブリヂストンの高性能タイヤ「POTENZA」の責任者で、東京都小平市にある技術センターの課長を務めていたエンジニアの川端操、そして、本書にもすでに何度か登場したレーシングドライバーの黒沢元治の二人だった。

現在、すでに定年を迎えた川端に話を聞くと、彼は当時を次のように回想した。

「プロジェクトがスタートしたきっかけには、私がヨーロッパに駐在していた当時、すごく惨めな目にあったという思いがありました。というのも、現地のオートサロンなんかでクルマがターンテーブルで回っているようなとき、装着されているのはほとんどがミシュラン製なんです。しかも最初はブリヂストンのタイヤが付いていたクルマも、見栄えが悪いからと展示されるときには取り換えられてしまう。試乗会でもジャーナリストが評価する前に、付け替えられてしまうのが当たり前でした。それが本当に情けなかった」

同じように黒沢元治は、

「僕のちょっと先輩の自動車評論家に徳大寺有恒がいる。当時、僕がポルシェのタイヤを開発していると聞いた彼に、こんなことを言われたことがあった。『ガンさん、いくら一生懸命にやっても、ポルシェへの採用は無理だと思うよ』ってさ。僕が『徳さん、どうして？』と聞いたら、『世界のポルシェがさ、世界地図に載っているかどうかも分からない、こんな極東の小さい国のタイヤなんて承認しないよ。ましてやドイツに工場ないでしょ、ブリヂストンは』と彼は続けた。まあ、確かにそう言いたくなる気持ちは分かったんだ。それで僕は彼のこの言葉を肝に据えて、ポルシェに立派に認められるタイヤを作ってやろうと意気込んだのをよく覚えている」

と、徳大寺とのエピソードを印象深く語っている。

誰もが認める性能を持ち、世界に向けて胸を張れるタイヤをつくる――ただ、そうした意気込みとは裏腹に、ポルシェの標準装着タイヤに選ばれるためには、何が必要なのかが彼らには分からなかった。

そこで川端はシュトゥットガルトにあるポルシェ社を訪れ、承認に必要な条件を探った。

「最初にポルシェに行ったときに、『うちはパーツから塗装まですべて世界一だ』と彼らは言いました。なぜかと言えば『ポルシェに採用されたメーカーは、世界に認められたと自慢できるだろう?』と。だから、全世界の技術屋がポルシェに採用されるために、最高のものを用意しようとする。良いクルマができるはずなんですよ。すごい会社だと思いました」

だが、驚いてばかりもいられない。川端は部品メーカーの技術者の一人として、その「世界一」の仲間入りを果たさなければならないのだ。

彼がポルシェの工場を見て意外に感じたのは、構内にテストコースはあるものの、その規模が想像よりもずっと小さかったことだ。

コースの全長は短く、道には細かな穴が開いた箇所や様々な凹凸が施された箇所がある。そこで何台かのクルマが耐久テストを行なっている様子を見学した後、彼は担当者に「他にはどこでテストをしているのでしょうか？」と聞いた。

「ニュルブルクリンク」

と、相手は一言で答えた。

ポルシェの開発車両はニュルブルクリンクで最終的に全てテストされる。当然、装着するタイヤメーカーを決めるためのテストも同様だという。

川端はポルシェ社を後にすると、ベルギーとの国境近くにあるそのサーキットへ実際に足を運んでみた。レンタカーのBMWに自社のタイヤを取り付け、ノルドシュライフェを走ってみたとき、彼は強い衝撃を受けた。

「とにかくGがすごくて、一周して戻るとホイールのボルトが一本折れていたんです。僕の締め方が悪かったんだとは思うけれど、素人が走ってもそんなことが起こるのだから異常なコースだと思ったし、よくこんな場所でポルシェは限界性能を試すようなテストをできるものだと驚きました。

ニュルは横からのGに加えて、縦Gが凄まじい。ボトムに入ったときにガツーンときて、タイヤにグワーと力がかかって登ったかと思えば、今度はジャンプして接地感がいきなり消える。路面に一気に押し付けられるときも、宙に浮きあがるように力が軽くなるときも、クルマをしっかりとグリップさせなければならない。カーメーカーはそれをサスペンションで追求し、僕らはタイヤでやるわけです」

川端はこうした素直な衝撃を受けながら、同時にポルシェがノルドシュライフェをテストコースとして活用する理由が、技術者としての自分の胸にすとんと落ちた気持ちになった。

そうして開発が始まった新タイヤがポルシェに正式採用されたのは、同地でテストを開始してから二年後の一九八六年。「ポテンザRE71」と名付けられたタイヤはその後、アウディ、フェラーリ、ジャガー、GMなどの車両に装備されて世界的なベストセラーとなり、一九八八年におけるアメリカのタイヤメーカー・ファイアストンの買収にもつながっていく。ニュルブルクリンクとの出会いは、「ブリヂストン」をグローバルメーカーへと成長させるきっかけとなったのだ。

そして彼らの挑戦は、日本の自動車メーカーとニュルブルクリンクの距離を縮めた。それまでノルドシュライフェの存在は一部の関係者しか知らなかったが、そのテストコースとしての質の高さを川端や黒沢などが日本に紹介し始めることで、ホンダがNSXを、日産がスカイラインGT-Rを同地でテストするようになっていくからだ。

このように一九八〇年代は日本のメーカーが海外、とくにヨーロッパ車の世界に目を向け始めた時期だった。そして、同じ頃にトヨタに対してニュルブルクリンクの存在を紹介した一人が成瀬弘だった。トヨタの車両試験課の中堅社員となっていた彼は、そのことによって社内での新たな役割や居場所を得ていくのである。

17

一九七三年に初めてノルドシュライフェに出会った成瀬弘が、次にトヨタの市販車をニュルブルクリンクに持ち込んだのは、ブリヂストンがRE71の開発をし始めていた一九八二年のことだった。

そのとき彼が運転したのは、日本の自動車メーカー初のミッドシップ車・MR2というスポーツカーだった（ミッドシップとはクルマの後車軸側にエンジンを積む形式）。

日本メーカーは新型車両をヨーロッパで発売する際、現地での「適合試験」を行なう。成瀬は、担当していた開発最終段階の車両をヨーロッパでテストしていた。そのテストメニューにおけるニュルブルクリンクでの走行を買って出たのは、もちろん彼自身であった。

一九八〇年代から九〇年代にかけて、日本の自動車メーカーは「道」を求めて世界中で自社のクルマを走らせ始めていた。

言うまでもなく、日本の道路とヨーロッパ諸国やアメリカの道路は異なる。舗装の仕方や制限速度、道の補修や整備の仕方……。場所によって路面の荒れ方も千差万別だし、クルマを受け入れる社会や文化のあり方も様々だ。そのなかで求められる性能や乗り心地、機能も変わってくる。日本メーカーが真のグローバルメーカーとして世界でクルマを売るためには、その「道」の研究が不可欠だった。

私はアメリカでのテスト走行の後に成瀬が報告者の一人となり、社に提出された分厚いレポートを見たことがある。そこには現地の道の特徴やクルマの特性、そして話を聞いたアメリカ人自動車ジャーナリストの評価までが事細かにまとめられており、それらの経験を日本での開発に反映させる役割を、当時の彼が担おうとしていたことが伝わってきた。

多くの日本人のテストドライバーやエンジニアが海外の道路を走り、「日本車」とその比較を行ない始めるこの時代、成瀬弘もまた、トヨタの社員としてヨーロッパやアメリカへ出向き、そこにある様々な「道」でクルマを走らせていたのである。

その彼がMR2をヨーロッパの道でテストしていたのと同じとき、西ドイツのアウトバーンでは開発中のセルシオの走行テストが行なわれていた。テストを担当した実験部の後輩・金森信明は、現地で成瀬と話す機会があった。

その日、金森はセルシオの開発車両を時速二〇〇キロメートル以上で走らせ、ドイツ・トヨタの販売店に間借りしていたガレージに戻ってきた。彼にとって時速二〇〇キロを超えるクルマの開発は初めてで、アウトバーンを走行中は緊張して冷や汗が止まらなかった。

そんな矢先のことだったので、金森は黒いMR2を傍らに置く成瀬に、

「何でこんなところで命をかけて仕事をせんといかんわけですかね」

と、冗談交じりに言った。

何しろ相手は市販を控えた開発車両であり、発売後のクルマと違っていつ故障が起こるか分からないという不安が、走行中は頭から離れなかった。

すると、成瀬は可笑しそうに笑って言った。

「ああ。俺もそう思うんだよ」

噂では「怖い人だ」と聞いていたが、初めて会う成瀬は気のいい先輩といった印象で、金森は意表を突かれた思いがした。そして、帰り際に「ほれ、これいるか」と飴玉を一粒渡されたことが印象に残っているのだった。

一九八〇年代の初頭は前述のように、現場を走り回る彼らにとっての大きな転換点だった。金森が冷や汗をかきながらアウトバーンで高速テストをしていたように、開発車両の高速化が急速に進んでいたからだ。そして、その課題に最も深いレベルで直

面していたのが、実際に現地で自社のクルマを走らせる現場の社員たちだった。

当時の日本の自動車メーカーは、ヨーロッパでクルマを売ってはいるものの、その内実はかなりお粗末な面があった。トヨタ車のヨーロッパでの評価も「安価でオイル漏れが少ない」という以上でも以下でもなく、彼らはその現実をヨーロッパの道でまざまざと見せつけられていた。

例えばスバルのテストドライバーで、現在はスバルテクニカインターナショナル(STi)のプロジェクト室長である辰己英治は同じ頃、「クルマがアウトバーンで真っ直ぐ走らない」という苦情を現地の販売店から受け、原因を探るためにドイツへ出張したことがある。

「ヨーロッパでうちの会社は『ジャスティ』というクルマを売っていたんです。でも、ジャスティは直線でせいぜい時速一四〇キロ。アウトバーンの延々と続く下りでも一六〇程度ですよ。それでもまっすぐ走らないと言われてさ。向こうでは時速一四〇キロで真っ直ぐ走らないクルマは売っていないわけです。そんななか、僕らは日本の道交法は高速で八〇キロだから、まあまあ走れば『できた』と喜んで、一〇〇を超えて多少ふらついてもこんなもんでいいだろう、という感覚で発売していたんだね」

ところが、八〇年代に世界でクルマを売るようになり、実際に各国で走行テストを行ない始めると、彼らはヨーロッパで自分たちのクルマが通用しないという事実に直面した。

トヨタも同時期に現地のディーラーやユーザーから「足回りがひどすぎる」という苦情を受け、数名の特命チームがヨーロッパで市販車のテストを二か月間にわたって行なっている。

日本のユーザーに「いいクルマだね。四駆で雪道も強い」と褒められていたジャスティが、ヨーロッパでは「まっすぐ走らない」と批判を受ける対象となる。それは「クルマづくり」に対する考え方を、根底から変えなければならないという危機感を辰己の胸に植え付けた。

「世界に出て行って、だんだんとぼろが出てきた。じゃあ、彼らはどんな環境でクルマを使っているのか。そこをじっくり見るようになって、各社が気づいていくんですね。こんな取り組み方ではダメだ、と」

そのことに真っ先に気づいたのが、自分たちのようなテストドライバーだったと彼は言うのである。

辰己は成瀬弘の一回り年下で、北海道の農家の三男として生まれた。父親の農作業の手伝いでトラクターに乗るうちに機械に興味を持ち、工業高校を卒業後の一九七〇年に富士重工に入った。当時のスバルにはそれほど多くの車種はなく、開発テストは群馬県太田市の本社で行なっていた。いまでこそ同社は栃木県佐野市と北海道美深町に大きなテストコースを持つが、本社のコースはバラック小屋がいくつかあるだけの小規模なものだった。

かつての耐久試験はとにかく自分たちで走った。

「交代要員もほとんどいないので、クルマが壊れるのが先か、人間が壊れるのが先かという世界だった」

同社には百瀬晋六というスバル360などを手掛けた伝説的な技術者がおり、その意向に沿う形でテスト走行を繰り返すのが、一九七〇年代における彼らの「クルマづくり」だったと辰己は言う。

「なんとなくクルマを動かして壊れるかどうかを見る、という感じで、設計者がつくったいくつかの試作車に乗って『これとこれ、どっちがいいですか』とやるのがテストドライバーの仕事だったんです」

しかし、しばらくしてクルマの所有が一般的になると、その雰囲気は徐々に変わっていった。クルマは単なる移動手段から、ときには遊び道具にもなり、ゆえに「楽しさ」や「気持ちよさ」といった指標が必要になった。クルマは快適であることが求められるようになり、同時に増加する交通事故に対応していくため、衝突時の安全性も高めていかなければならない商品となった。それにともなって、テストの項目が一気に増えたのがこの頃だった。

また、同じ時期、実験部でクルマを様々な角度からテストする彼ら自身にも、クルマに対する強い欲求が生まれてきた、と辰己は続ける。

「クルマの乗り心地や走りについて感性的な意見を持つ者が現れ、僕らの『理想』が設計者の『理想』と対立することも増えていきました。エンジニアにとってはうるさいそういう人が、七〇年代後半から各メーカーにぽつ、ぽつと生まれてきて、それが個性になり、クルマの進化につながっていったんです」

この時代に設計者に口を出すようになった実験部の人々——それが辰己や成瀬といった現場のメカニックだったわけだ。

クルマづくりに意見を言うようになる彼らには、自分たちこそが最もクルマに乗り、触れているという確かな自負があった。様々な車種を社内のテストコースで試作段階から走らせ、ときにはヨーロッパメーカーのクルマを参考にするために分解し、組み立てては乗っているのだ。普段は社のオフィスにいる設計者やデザイナーよりも圧倒的に長い時間、クルマに触れているのは自分たちだという思いが、辰己らの胸に生じたのは当然だった。

「六〇年代から八〇年代にかけて、僕らは『動けば良い』という段階を経て、『前よりもいいモノをつくる』という開発をしてきた。レベルだってどんどん上がってきたつもりだった。でも、海外テストをやるようになって目も肥えてくると、自分たちがつくっているクルマが相対化されます。ヨーロッパとの差に気づいて、『俺たちがつくっているのは、本当に同じクルマなんだろうか』という問いがそこに生まれた。つまり、外に出る前には分からなかった差――それを埋めなくちゃいけないと感じたのは、社内で図面を引いている人たちではなく、外を走り回っている僕らのような実験屋だったんです。それはヨーロッパの道で自社のクルマを走らせることで、成瀬さんもすごく感じていたと思う。要するに八〇年代は日本の各メーカーが真剣になった時代だった」

18

しかし、どのようにクルマを開発すれば差は埋まるのか。その問いのなかで重要視され始めたのが、社内で車両を評価できるドライバーをいかに育成するかという課題だった。

最高速度が時速二〇〇キロメートルを超えるクルマを開発する以上、メーカーはその速度域での挙動や安全性もしっかりとテストし、「味」の部分に至るまで責任を持たなければならない。だが、ブリヂストンがレーシングドライバーに開発テストを依頼せざるを得なかったのと同様、高速域でクルマを評価できる技能を持つ者はまだほとんどいなかった。

トヨタにおける社内ドライバーの育成制度は、一九七九年に立ち上げられた「本社高速ドライバー教育」に始まる。それまで組織的な運転教育制度は存在せず、実験部内の車種ごとに分かれた「組」と呼ばれる開発グループ内で、開発中のクルマに合った運転技能をそれぞれ教えていた。だが、クルマの特性を知らない者がテストコース内で事故を起こすことも多く、「東富士のテストコースくらい走れるべきだ」という細谷四方洋のアドバイスを受けて作られたのが「高速ドライバー教育」制度だった。

運転教育のプログラムはこの細谷を中心に形作られ、「初級・中級・上級」で評価された。成瀬もその生徒の一人として教育を受けている。だが、セリカXXやスープラ、ソアラといったスポーツカーの開発を行なうためには、運転の技術の良し悪しだけではなく、細かい点までクルマを評価できる技能者の育成が必要だった。特に新型のA80型のスープラの開発では三百馬力、時速三〇〇キロメートルでの走行を安全に行ない、かつ車両の課題を的確に抽出できる能力が不可欠だった。

そこで始まったのが「特Aドライバー教育」制度で、そのチームリーダーに選ばれたのが、ヨーロッパでの適合試験などの経験を持つ成瀬弘だった。

同制度の立ち上げを担当した同僚の永石勤は、技術管理部の内部資料「トヨタ運転教育史」のなかで次のように語っている。

〈スープラを開発するために、クルマづくりの本格的なプロを育成することが重要だということで、車両試験課の成瀬さん、永谷さんが中心となり、新型車試乗会等に来る業界を代表するジャーナリストとも対等にサーキットを走れ、操縦安定性など本質的な部分についても語れ、改善・改造技能を持ち、設計者に分かりやすく具体的な改善提案ができる人づくりを目指し、特A教育を開始した〉

永石はこの回想文で〈中でも、成瀬さんのレベルアップは凄かった。生徒に教えるかたわら、ハングリーに自分で改造、確認を繰り返しレベルアップしていった。私も成瀬さんから「まず、自分で乗らないとダメ」と言われ、改造するたびに乗せてもらい色々と指導を受けた〉と続けている。

この言葉通り、成瀬は特Aドライバー教育制度の指導教官という仕事に、並々ならぬ情熱を燃やした。この時期より、彼はクルマ開発における一人のメカニックから、クルマの「乗り味」を専門に評価する「テストドライバー」として、社内で評価されていく。

成瀬はこう語っている。

「もともとメカニック出身の自分が運転教育を行なうにあたっては、『あいつはメカニック屋で車が好きなだけ』と言われたくなかったので、解体屋で三万円で車を買って、使えそうな部品を拾って自分で組んで、三河山間部を内緒で走りまくった」

成瀬とともに新たな教育制度作りに携わった永石はこの頃、成瀬が本社のガレージでBMWの車体を一人でばらし、組み立ててはテストコースで何度も走らせている姿を見かけた。成瀬は自分の運転技術の向上を図ろうとするとき、いつも一人で行動していた。

「刀鍛冶が焼きの温度を弟子に教えなかったように、自分の技は見せない人でした。それで昼休みのみんながコースを走っていない時間帯に、クルマを走らせているんです。七技にいた彼はアルミの溶接もできたし、工作もできた。クルマに乗った後はすぐに足回りを外したり、分解したりして部品を変えていましたよ。それで数ミリの違いのサスペンションに取り替えて、また乗る。その繰り返しを他の人が見ていないところでやっていたんです」

永石は成瀬の人知れぬ訓練の成果を、しばらくして実感する機会があった。

それは北海道の士別テストコース（一九八四年完成）で、ポルシェのテスト走行を行なったときだった。

成瀬は士別の広大な旋回場で、ハンドルをほとんど切らず、アクセルとブレーキ操作だけで滑らかに曲がっていく技を見せた。

「ポルシェが素晴らしいのは、大きなトルク（回転する力）を利用して自由自在にクルマを操れることなんです。ほとんどアクセルだけでクルマを曲げられるのだけれど、普通はリヤがスッと滑り始めたらみんなアクセルを戻しちゃう。ジャーナリストの人なんかは特にそうで、そのときにくるっとスピンするんです。ポルシェの運転の仕方は、危ないと思ったらむしろアクセルを踏み込んでコントロールする。それができるのがポルシェなんだ」

このとき成瀬と話しながら永石が同意したのは、クルマの挙動はシートや尻ではなくハンドルだけで全て感じられる、という感覚だった。

「ステアリングっていうのは、釣りでいうところのアタリなんだ。そこでピッと挙動を感じ取って、あとはアクセルとブレーキでクルマをコントロールするんだ」

後に成瀬から運転教育の検定試験を受けた社内テストドライバーの大阪晃弘は、次のような思い出を語る。

ヤマハテストコースで最高クラスとなる「S2」の検定を受けたとき、初めて成瀬の運転するスープラの助手席に乗った彼は、その運転の安定感と美しさに胸を打たれずにはいられなかった。

その日の路面は前日の雨の影響で少し濡れており、かなり滑りやすい状況だった。

だが、成瀬はブレーキやアクセル操作によって車体を下方向に「グーッと抑え込むように」走らせた。彼のスープラはまるで路面にへばりついているようだった。

「運転にそれなりに自信があった私は、かなりのカルチャーショックを受けました。このトヨタにも上には上がいる。自分が天狗になっていたと思い知らされたし、もっともっと精進しなきゃなって思わせられる運転でした」

成瀬が特Aドライバー教育の構築に心血を注ぎ、そこまで自らの運転技能に磨きをかけたのは、ここにこそトヨタにおける自分の居場所があると感じたからだった。その思いの背景にあったのは、ヤリカ1600GTでのレースやMR2の適合試験で、ヨーロッパのクルマづくりの一端に触れた体験だった。

彼がヨーロッパでの仕事を通して知ったのは、欧州の自動車メーカーには自社のクルマの「味付け」を担うテストドライバーがいて、彼らの存在が「メルセデスの味」「BMWの味」といったそれぞれの特徴を生み出しているということだった。

例えばニュルブルクリンクのピットにいると、ポルシェのテストドライバーが新型車を走らせている。ドライバーには経験豊富そうな白髪の年配者もおり、彼らはピットに戻ってくると煙草に火をつけて一服し、しばらくして火を消すと、再び颯爽《さっそう》とコースへ飛び出していく（この光景から煙草を取り除けば、後年の成瀬の姿そのものだ）。そんなふうに評価ドライブを繰り返している彼らの姿に、成瀬は憧れを抱いた。

クルマを企画し、設計図を描くのは確かに開発者たちだ。しかし、試作車を走らせて仕上げるのは、自分たちテストドライバーの仕事だという矜持と誇りが彼らにはあった。それらのメーカーでは役員クラスの社員もクルマの評価を行なえる運転技能を持ち、実際にニュルブルクリンクをかなりのラップタイムで走ることができる。そこではスバルの辰己の言う「ドライバー視点でクルマをつくる」という価値観が徹底されていた。

日本メーカーに希薄なのは、そのように走り込むことによって、初めていいクルマはつくられるという考え方だといえた。あらゆる業務が管理され、ちょっとしたテスト一つに何枚もの書類が必要な上、ことあるたびに規則に縛られるトヨタに足りないもの。それは彼らのような評価ドライバーの発言を尊重し、「トヨタ車」という統一した味を作り出そうという姿勢だと成瀬は考えるようになっていった。

「だいたい、トヨタ車の味付けはばらばら。例えば、ホテル・オークラに行けばコック長がいて、『オークラの味はこれだ』と言えば、調理師がいくら独自に作っても、違うとなる。トヨタも味をそろえたかったら、味を出すグループを早く作りなさいと言うんです。料理の仕方も分からないのに、料理している人もいる」

と、成瀬は語っている。

これは前述の辰己が同じ時期に抱いた問題意識と同じものだった。辰己は日本の自動車メーカーの弱点の一つに、「部品の一つひとつの完成度が高くても、それらを一個のクルマに組み上げるのが苦手」だということがあったと指摘する。

「例えば職人がすごい精度で部品の一つひとつをつくっても、それだけでは気持ちのいいクルマはできないわけです。日本人の感覚からすれば、これだけ一つひとつの部品を高い精度でつくる技術があるのだから、それらを集めたクルマでも勝てるだろうという思いがあったと思います。でも、動的に気持ちいい、安全や安心、楽しいというのはまた別の話なんですね。それに気づかないまま日本のクルマづくりはきてしまっていた。特に八〇年代のベンツなんかは、本当に芸術品でしたよ」

前述のようにクルマには数万という部品が使用されているが、その一個一個がどれほど良いものであっても、それだけでは「いいクルマ」にならない。それらを組み合わせ、調和させて初めて動的に高い性能を持つクルマとなる。そのためには様々な道で試作車を走らせ、クルマを鍛え上げていくテストドライバーの存在が不可欠なのだ。

成瀬は「特Aドライバー教育」に三段階の育成プログラムを用意し、各課から選出された運転技能の高いメカニックなどが、二、三年かけて評価ドライバーとしての技術を学んでいく場とした。

プログラムにはイタリアやフランス、スイスの一般道、ドイツのアウトバーンなど海外の様々な道での訓練も含まれ、年に二度はニュルブルクリンクでの走行が組み込まれた。

現在、トヨタのテストドライバー制度は「トップガン」と呼ばれる数名の高技能者を頂点に、S2、S1、A……と裾野が広がる形となっている。成瀬が思い描いた理想は、共通する「トヨタの味」を理解するテストドライバー集団が開発の様々な過程で力を発揮し、全ての開発車両を最終的に少数精鋭のテストドライバーが評価するというシステムであった。

ただ、成瀬のこの「理想」は実際のトヨタのクルマづくりに、彼が思うように活かされたわけではなかった。

トップガンの一人である高木実は〈試乗会に参加しては周囲から、「お前ら何しに来たんだ」「お前らに何ができるんだ」と言われ何度も帰ろうと思いながらも、説得しながらバネ合わせなどのチューニングをして、実車で良さを提案。地道に地位を築き上げ〉(『トヨタ運転教育史』)る必要があったと振り返っている。

「そもそもドライバー教育でヨーロッパに年に二回行くのも、周囲にはその意味がほとんど理解されていなかったように思います」

と、高木は続け、前述の金森も、「例えば、現在の開発ではハンドルを十度切ったらクルマはどのぐらいの半径で曲がるか、といった指標が全て決まっていて、数値化されているわけです。その数値でクルマの性能を測ることに慣れている開発者からすれば、数値に現れない快感や安心感と急に言われても困惑するばかりだったでしょう」と言う。

実験部の開発担当者には、彼らの考える「いいクルマ」の指標がある。成瀬たち現場のテストドライバーに口を出されることを、必ずしも良しとしない雰囲気があったのである。

この頃、「『あいつはメカニック屋でクルマが好きなだけ』と言われたくなかった」と自ら語っているように、成瀬は開発を担当するエンジニアたちとよく衝突していた。

「俺はもう頭に来た。右へ行くか、左へ行くかを決めるのに、わけわからんで」

主査と白熱した議論をした挙句に決裂し、そう言って机を叩いて悔しがることも一度や二度ではなかった。トヨタ車の出来の悪さに悪態をつき、もっとこうできる、あもできると語っているときの成瀬には、近づきがたい迫力があった。

高木が続ける。

「クルマづくりというのは、限られた予算と時間のなかで、性能的に泣かざるを得ないことがたくさんあります。それに運動性能というのは機械の数字だけで全てを語れないので、テストドライバーの感覚を信じてもらえなければ、『数値では問題ない』ですまされてしまう。

でも、クルマの『気持ち良さ』や『居心地の良さ』を感じる力は、人間のほうが機械よりも優れているものだから、我々にとって満足というものはなかなかないんです。当然、敵も待っているあいだに進んでいくし、より高いところを目指してくる。その意味では成瀬さんが満足したクルマというのは、ほとんどなかったんじゃないかな」

こう語るのは社内の人間ばかりではない。例えば、後に成瀬とともにLFAの開発テストを行なうレーシングドライバーの飯田章も、初めて成瀬と出会った二十代の頃の次のような体験を語る。

「あれは成瀬さんがアルテッツァをやっている頃、福島のエビスサーキットで試作車の試乗をする機会があったんです。そのときは成瀬さんがどんな立場の人かは知らなかったんだけれど、クルマに対する僕らの意見にすごく聞く耳を持ってくれた。乗った印象も良かった。でも、『こういうクルマで売れればいいんだけれど、売るときはこのままじゃ売れないからな』みたいな話を成瀬さんは率直にしていました。『がんばってはいるけど、トヨタだからなあ』と。

実際に発売されてみると、確かにアルテッツァはそのとき乗ったものとは違う乗り心地のクルマになっていました。試作車の段階では好印象だったのに、実際の市販されたクルマのハンドルを握ったら、かなりの変化があった。成瀬さんの言っていたのはこういうことなんだと思ったし、まだ若かった僕には驚きであり、ショックでした。クルマの開発というのは、ずいぶんと大人の世界なんだ、って思ったから」

だが、クルマの企画、設計を担うエンジニアからすぐには理解を得られなかったとはいえ、運転教育のリーダーに抜擢されたことで、成瀬が社内に自分の居場所を見つけたことは確かだった。

講師としての成瀬は、必ずしも多くを語る人物ではなかった。自身、「生徒へは、あまり語らなかった。テーマを与えて、後は自分で考えさせた。手取り足取り教えたら本物にならない。聞きに来るやつには教えるが、来ないやつは放っておく。食いついてくるやつは伸びた。運転が好きなだけで来たやつはダメ。華やかなところしか見ていない。油にまみれて手足を汚したり、そういうところができたのが一流になっている」とドライバー教育への取り組み方を振り返っている。

そんななかで、成瀬は結果的に多くの後輩たちに次第に慕われるようになっていった。彼に育てられた社内ドライバーが口をそろえるのは、成瀬がときおり助手席に乗せて見せてくれる運転の美しさへの感動と、クルマから降りた後のフィードバックの豊かさだった。

一つの突起物を乗り越えたとき、クルマはその衝撃をどのように受け止めたか。丸みのある受け止め方、角のある受け止め方、波打っているのか、それとも硬い一度だけの衝撃だったか……。

成瀬は訓練生に口癖のように言った。

「そっと握ったハンドルの指先に伝わってくる感覚から、クルマの動きをしっかりと感じ取るんだ」

クルマに乗って、走りの不満や課題を並べ立てることは、少し訓練すれば誰にでもできる。だが、テストドライバーに求められるのはそこからさらに先、感じた課題を実際の設計に活用できる形でいかに伝えられるかという能力だ。

現在、高木と同じ「トップガン」の一人である江藤正人は言う。

「成瀬さんの優れたところは、テストで感じ取ったクルマの動き、現象が車体のどの部分、どのパーツに由来するものなのかまでを、かなり的確に言い当ててしまうことでした。僕らが『低速コーナーでの動きが鈍い』と指摘するのに対して、彼は『前輪のブッシュを少し柔らかくすべき』と言う。日本メーカーの社内ドライバーでそこまでできる人は、一社に一人か二人というところでしょう。成瀬さんは間違いなくその一人でした」

成瀬は多くを語る指導員ではなかったが、後輩たちにこのような自分の姿を常に見せた。三年間のプログラムのなかで自ら進んでハンマーとドライバーを持ち、クルマを改造しては走りの微妙な変化を彼らに感じさせようとした。

高木は「クルマの一つの現象を通して、成瀬さんとはいつも深い会話を交わしている気持ちがした」と語る。クルマを通して会話を交わし、同じ経験を共有した後は、いつも以前より距離が縮まっているように感じた、と。

彼らは東富士研究所やヤマハの袋井、士別の社内テストコースのみならず、国内の様々なサーキットや道を繰り返し走り、年に二度はヨーロッパにも遠征した。出張中は旅館やホテルの大部屋での雑魚寝も多く、そこでは欧州車に負けないクルマをつくるには何が必要かを議論し、彼らがクルマに何を求め、どのような道でテストを行なっているかを確認し合った。

例えば、「欧州のクルマは壊れるプロセスがある」と受講生の一人が言う。

「五万キロで交換するゴムブッシュがあるなら、その劣化の過程がドライバーに分かる。三万キロくらいになるとエンジンの振動が変わってきて、四万キロになると音が出てくる。もうそろそろ交換の時期だと思ってユーザーが交換する。向こうのクルマにはそういう部品が多いように思う」

「日本車はそれとは違う価値観でつくられている。メンテナンスフリーの考え方があるから、壊れなくて丈夫なのは大きな長所だ。その分だけ走りの性能を犠牲にしているわけだが、それはユーザーが求めていることでもある……」

「やっぱり向こうのクルマの足回りは、挙動を受け止める懐の深さがある。つるっと滑る前に予兆があるんだ。それが俺たちのクルマは急にクルッと回っちゃう。まあ、日本の道路環境で乗ると、欧州車は少しまどろっこしいというのはあるかな」

と、いった議論である。

もちろんトヨタの現実は、彼らの理想とはまだ遠いところにあった。いいクルマがいい商品だとは限らない。「クルマが良くなくても、ディーラーや宣伝の力で売れてしまうクルマもある」と思うこともある。だが、それとは別にクルマづくりにおいてシンプルな理想を掲げ続けることもまた、自動車メーカーにとって重要であるはずだった。

そんななかで、彼らは次第に自分たちがトヨタのクルマづくりの最前線の一つ、さらに言えば最後の砦となっているのだ、という仲間意識を持つようになった。その輪の中心にいる成瀬に、もはや「ボルトを数えているばかりだった」という悲哀は全く感じられなかった。

そして、そのような活動を続けて約十年が経ったある日、成瀬弘はアメリカから戻ったばかりの豊田章男に会った。

「運転のことも分からない人に、クルマのことをああだ、こうだと言われたくない」

と、彼は言った。

「月に一度でもいい、もしその気があるなら、俺が運転を教えるよ」

第四章 社長育成

19

豊田章男は二〇〇五年にトヨタ自動車の副社長に就任した。成瀬弘は運転訓練の集大成として、この頃すでに彼をレースの世界へと誘っていた。

それはニュルブルクリンクにあるブリヂストンのガレージで、成瀬と話しているときのことだった。

「いずれニュルに出るぞ」

と、成瀬は言った。

「冗談でしょう?」

豊田がそう答えると、成瀬は「ちょっとでいいんだ」と続けた。

成瀬弘は豊田章男に説明した。ニュルブルクリンクには全ての道があると言われること。常に変化する路面、気まぐれな天候、車体が浮き上がるほどのアップダウンと連続する高速コーナーのこと。そして、この地で鍛え抜かれたクルマは世界のどこに行っても通用するとされること──。

成瀬がこのレースへの参加を運転訓練の節目に選んだのは、そこに本物のレースがあり、欧州の自動車メーカーが苛烈な戦いを繰り広げる開発の現場があるからだった。また、ドイツのクルマ文化の奥深さを、豊田に伝えたいという思いも彼のなかにはあった。

ニュルブルクリンクでの伝統ある二四時間耐久レースは、ノルドシュライフェとGPコースとをつないだ一周約二五キロメートルのコースで争われる。いまでこそ世界中の自動車メーカーが最新のクルマを投入して競い合うメジャーなレースになりつつあるが、当時はまだ「世界一の草レース」と呼ばれるに相応しい、年に一度の祭典だった。

ドイツ中から自動車を愛する観客が集まり、バーベキューの煙がコースにも流れ込む。家族連れや子供たち、若者からお年寄りまで、老若男女が思い思いにレースを楽しむ様子は、自動車レースというものがヨーロッパの文化に深く根付いていることを実感させる。

コース沿いの広場にテントを張り、火を燃やして深夜になっても音楽をかけ、ビールを飲みながら金網越しに観戦する人々……。こうした人々によって自分たちが支えられているということを、いずれ世界最大の自動車メーカーのトップとなる豊田章男に知ってほしいという思いが成瀬にはあった。

成瀬たちは二〇〇七年の二四時間レースへ出場するために、群馬県の中古車店で二台のアルテッツァRS200を購入した。一九九八年に発売されたアルテッツァはトヨタが久々に開発した後輪駆動のスポーツセダンで、開発テストを担当した成瀬にとって思い入れの深い車種でもあった。

アルテッツァRSの最高出力は二百馬力ほどで扱いやすく、挙動や操ることの楽しさを学ぶのにはちょうど良かった。それにスポーツタイプの車両を使用しようにも、当時のトヨタにはアルテッツァ以外にそのような車種は販売されていなかった。

いずれにせよ、市販のアルテッツァをレースカーに仕立てていく過程は、豊田にクルマの奥深さを伝える上でもうってつけの教科書だった。

「ノーマルから改造して、一年半にわたって少しずつ改造していったんだ」

と、豊田は言う。

アルテッツァの改造はトヨタ車のカスタマイズパーツを開発し、「TRD」のブランド名で販売するトヨタテクノクラフトが協力した。身体をしっかりと固定するレカロ製のバケットシートを取り付け、ロールバーを組み込み、サスペンションやブレーキをレース用のものに取り換える――。

成瀬の言葉を借りるのであれば、それはアルテッツァという素の素材に塩や胡椒をふりかけては、味見を繰り返す実践的な訓練だった。

また、二四時間レースへの参加にはニュルブルクリンクで年に十回開催される四時間耐久レース（VLN）に二度以上の参戦実績が必要だ。

彼らはアルテッツァを国内でレース車両につくり変えると同時に、レンタルしたBMWのレースカーでVLNに参加した。さらに国内ではライセンスを取得するためにVITZ《ヴィッツ》レースへ参加し、豊田は一年を通して本格的に実際のレースを体験した。

二〇〇七年の二四時間レース参戦は運転訓練の集大成——豊田は休日にテストコースやSUGOに向かっては少しずつ変化していくアルテッツァに乗ったが、ここに来て社内からの視線はより厳しいものへといよいよ変わっていった。

現地でもタイヤを担当したブリヂストンの井出慶太は言う。

「社内からの反対はすごかったと聞いています。日本のカーメーカーは、欧米のカーメーカーのようにマネジメントの方がハンドルを握るのを良しとする雰囲気がない。成瀬さんはそれを変えたかったわけだけれど、二〇〇七年の時点では全く理解されていなかった」

自動車会社の人間がクルマに乗るのは当たり前だ——。

豊田は成瀬の言葉を思い返したが、レース活動への否定的な声は強まっていくばかりだった。トヨタの副社長がレースに出る？　とんでもない、危険すぎる。あれは豊田さんが好きでやっていることで、私は反対しているんだよ。

トヨタのニュルブルクリンク二四時間レースへの参戦が、この「草レース」を愛する日本人ドライバーたちの複雑な心境を呼び起こしたことも付け加えておきたい。

例えば、後にガズーレーシングのドライバーとして、豊田のチームメイトとなる木下隆之もその一人だった。

木下がそのような思いをトヨタチームの参戦に対して抱いたのは、トヨタがヨーロッパのレース文化に無理やり「日本流」を押し付け、これまで自分たちが地道に築き上げてきた信頼を台無しにしてしまうのではないか、と不安になったからだった。

一九六〇年生まれの木下が初めてニュルブルクリンク二四時間レースに参戦したのは、日産がR32型のスカイラインGT-Rを発売した二年後の一九九一年だった。日産の契約ドライバーとして全日本F3選手権やN1耐久シリーズなどに参戦してきた彼は、発売されたばかりのR32をヨーロッパにPRするためのプロジェクトの一員として、ベルギーやイギリスでのレースに参戦した。そのなかの一つとして組み込まれたのが、ニュルブルクリンク二四時間耐久レースだった。

三十一歳の血気盛んなレーシングドライバーだった彼は、この二四時間レースを初めて体験したとき、「ここにはレースの一つの本質がある」と感じたと話す。

「僕も日本のレースをいろいろやってきて、それはそれでたくさんのチャンスをもらってきたけれど、日本でのレースはどうもクルマを上手く走らせるテクニック合戦みたいに感じ始めてもいた。それがニュルに行ってみると、根性試しみたいな世界がまだ残っていたんです。びびっている奴は引っ込んでろ、俺は何も怖くないぜ、というようなね」

木下は明治学院大学の自動車部の出身で、卒業後は自動車雑誌の編集者として働いていた。だが、社会人になってからもレースへの思いは捨てず、給料を貯めた資金でトヨタ・スターレットのレースカーをレンタルし、富士スピードウェイを走るようになった。非力なクルマだったが好成績を収め、その速さに目を付けたレーシングチームからスカウトを受けたことが、その後に日産系チームのドライバーとなる彼のキャリアの始まりだった。

「ニュルを走っていると思い出すんだ」

と、彼は言う。

「幼稚な思いではあるけれど、レースを始めたときの気持ちっていうのかな。ああ、あの頃は俺もそうだった、って。誰よりもアクセルを踏んで、コーナーに突っ込んでやる、っていうあの気持ち。そういうハングリーさは、レースを続けて勝つための方法を覚えたり、それこそチャンピオンを獲ろうという段階になったりすると、だんだん薄まっていくものなんです。勝つためにはいまは抑えて走ろう、とか、次のレースのウェイトハンデを考えたら今回は勝たない方がいい、とか知恵がついてくるから。でも、心の奥底には残っていたんだ。品のない言い方をすればケンカレース、クルマを上手に走らせる選手権ではなく、闘争本能だけの格闘技みたいな勝負をしたいという気持ちがさ。それがニュルにはあった」

木下は一九九一年から十年以上にわたってこのレースに参戦するなかで、日本にはないその世界へ深い愛情を抱くようになった。

最初は日本人ドライバーへの偏見もあり、ピットに居場所がないような思いもした。だが、長くレースに足を運び、実際に走ることで、少しずつヨーロッパのレーシングチームの面々にも受け入れられてきた、という実感があった。そうして日産が着実に積み上げてきた「日本人」への信頼を、トヨタの参戦が台無しにしてしまいはしないか、と彼は思っていたのだ。

「何も知らないトヨタが金にものを言わせて入ってきて、いままで築き上げてきたものを壊して、二、三年でぱっとやめて、残った我々がまた一から始めなきゃいけない。そんなことにならないかと心配していたんだ」

だが、木下の思いは良い意味で裏切られることになった。

ドライバーの装備品をチェックする列に並んでいたときのことだ。この年はホンダのNSXで参戦していた彼は、そこで初めて豊田章男の姿を見た。

木下の想像とは異なり、豊田はレーシングスーツやヘルメットを自分で持ち、一人で検査の列に並んでいた。

そもそも当時のガズーチーム（ガズーレーシングという名前はまだなかった）は、潤沢な資金を持っているチームだとはとても言えなかった。副社長のレース活動はあくまでも社内の人々から言わせれば「趣味」であり、予算など付くあてがなかったからだ。
「お金をかき集めてクルマをつくっている状態だから、本当に手作り感があるチームでした。エンジンの回転数が足りない、ホイールの枚数が足りない、とそんなことをしょっちゅう言っていましたから。Nチームは若いエンジニアしかいないし、それでも数が足りないのでダイハツのテストドライバーに成瀬さんの伝手《つて》で来てもらっていたくらいで」（井出）
　木下は「トヨタ」とは名ばかりの粗末なチームに興味を抱いた。列に並ぶ豊田は少し緊張した様子だったが、一方でその場にいることを楽しんでいるように見えた。日本ではほとんど例がないとはいえ、ヨーロッパのメーカーにはレースに出場する経営幹部も珍しくはない。だから、豊田がドライバーとして参加することに、木下はそれほどの驚きを抱いたわけではなかった。それよりも興味を惹かれたのは、茶髪にピアスという姿で、豊田からすればずっと若い自分に対して、彼がドライバーの先輩に払う敬意を隠さなかったことだった。
「当時の豊田さんは経営者としては若いといっても、五十代になっていたわけです。昔からレースをやっていたならともかく、その年齢からモータースポーツを始めるというのは、よほどの若気の至りでもないとできないでしょ？　自分の子供みたいな連中が走っている場所で競争するんだから。そんな世界に恥も外聞もなく入ってきて、僕みたいなのにも頭を下げている。そのバイタリティに感心したんだ」

また、トヨタのテストドライバーである成瀬弘が、彼らのリーダーであることも木下の関心事の一つだった。

木下はレーシングドライバーとして活動しながら、同時にモータージャーナリストとしてレースの参戦記や試乗レポートを雑誌に発表してきた。そのため試乗会で成瀬と話す機会もときおりあり、何かにつけて「本気で議論してくれるトヨタのテストドライバー」という印象を持っていた。

例えば、トヨタが初のミッドシップカーであるMR2を発売したとき、箱根の最初の試乗会での印象は悪く、木下は開発テストを担当したという成瀬に辛辣な意見を述べた。試乗ではリヤにエンジンを積んだ効果が感じられず、コーナリングの不安定さに苛立ちを覚えた。「ミッドシップというキーワードが欲しかっただけなんじゃないか」と思い、素直な感想を伝えたのである。

すると、成瀬は「そんなことは分かってんだ」と言い、真剣な調子で木下とクルマの課題について話した。

「だいたいメーカーとジャーナリストというのは、お互いに自分たちの方がクルマを分かっていると思っていて、対等な乗り手同士の関係になかなかならないものなんです。成瀬さんは反論でも議論でも正直に話してくれる人で、そこがめずらしかった。実際にマイナーチェンジで彼が手を入れて、MR2は激変したんです。僕らの話をよく聞いてくれたし、自分でも課題を把握していたのでしょう。とにかく熱いおじさんだな、と僕は思いました」

トヨタチームのピットでは、その成瀬が社員のメカニックに大声を張り上げ、様々な指示を忙しそうに出している。日本語の飛び交うピットの様子を、他のチームのスタッフや関係者が物珍しそうに窺っていた。

「なんだかずいぶんと不思議なチームらしい」

と、木下は感じ、以来、彼らの動向を気にするようになったのである。

20

成瀬弘たちは決勝レースが始まる二〇〇七年の六月九日、日程ぎりぎりで仕上がったアルテッツァ二台とともに、ニュルブルクリンクのピットにいた。

ドライバーは成瀬や江藤正人、高木実、勝又義信、平田泰男などで、メカニックも素人同然の「Nチーム」だったが、豊田はだからこそ晴れやかな気持ちだった。目の前に置かれた二台のアルテッツァ――一〇九号車と一一〇号車の白い車体には協力スポンサーのステッカー――ブリヂストン、スパークス、アイシン……――が貼られ、国内でテストしていたあのオンボロのアルテッツァもよそ行きのすました顔をしている。

ピットで大声を張り上げてメカニックに指示を出す成瀬は、決勝レースが近づくにつれて緊張を強めていった。ガズーレーシングのレースクイーンの一人として同行した奥野静香は、その様子には「近づき難いものがあった」と振り返る。

「あのときの成瀬さんは、まさしく職人という感じでした。とにかく怖い雰囲気で、そうとうにピリピリしていて。社内からすごく反対されてレースに出ていると聞いていたので、一度でも事故が起こったらチームの存続の危機になる、という思いが見ているだけでも伝わってきました」

奥野がそうした成瀬の姿に息を呑んだのは、仕事を終えた後にスタッフで食事をする際などの彼の様子と、ピットにいるときの様子とがあまりに違ったからだ。奥野にとって成瀬は自分の父親と同世代で、普段は穏やかな雰囲気を持つ人物だった。白髪の好々爺然とした親しみやすさから、いつしか若い女性スタッフは成瀬を「なるジイ」と気安く呼ぶようになっていた。

例えば後年、彼女はニュルブルクリンク二四時間レースが終わってから、同僚と一緒にパリを観光で訪れたことがある。そのとき移動車に忘れた携帯電話を、移動のついでに成瀬が届けてくれた。そのときの彼はデニムのパンツにローファーをはき、細身の黒いジャケットを着て現れた。

「感覚がとても若くて、そんな私服姿が本当にかっこいいんです。『うまいうどん屋があるんだ』と連れて行ってくれたのをよく覚えています。ドイツに長く赴任していたから、ヨーロッパのいろんなところに詳しくて、ニュルでも近くの定食屋さんに『成瀬メニュー』というのがあるくらい。そうしたお店で打ち上げをするようなときの成瀬さんは、本当にリラックスしていました」

しかし、レース決勝が間近に迫った成瀬には、そのような穏やかな雰囲気は微塵も感じられなかった。奥野はその彼と近くで同じように緊張感を高める豊田の様子を見ながら、成瀬がこう言っていたことを思い出した。

「俺は家を出るとき、いつも嫁さんから『豊田さんを必ず守ってきてね』と言われるんだ。だから、俺は絶対に三代目を守らないといけない。うちの嫁さんはそういう人なんだ。俺ではなく社長を心配するんだ」

ピットでの成瀬の厳しさからは、少し照れくさそうに言ったその言葉が、紛れもない彼の思いを表していることが伝わってくるようだった。このとき成瀬は六十四歳。

体力の衰えは本人も自覚していただろう。しかし、豊田を守るという責任感は、彼を年齢以上に力強く見せていた。

六月九日の十五時にスタートが切られる予定だったレースは、あらゆることが手探りの彼らにとって波乱に満ちたものとなった。その日、ニュルブルクリンクの空は厚い雲に覆われており、スタート予定時間の十分前になって雷の音とともに強い雨が降り始めた。それはコース上に水の流れができるほどの豪雨で、スタートは延期された。実際にレースが始まったのは十六時を回った一時間十五分後だった。

二周のフォーメーションラップの後、二百五十台のクルマが爆音を立てながらホームストレートを駆け抜け、下りながら右へ鋭角に切り込むグランプリコースの第一コーナーへとなだれ込んでいった。一〇九と一一〇というゼッケンが与えられた二台のアルテッツァは、一四五位と一五〇位という位置からのスタートである。

この年のレースは、ニュルブルクリンクらしい目まぐるしく変わる天候に左右された。スタートから三十分後には、あれほど強く降っていた雨が止み、全長二〇キロメートルを超えるノルドシュライフェの一部では路面が乾き始める。そんななか、最初にピットへ入ってきたのは一一〇号車だった。後続のクルマに追突されてリアタイヤを傷めてしまったのだ。

成瀬は午前中のミーティングで、レースについてはずぶの素人であるメカニックと高木や江藤といったドライバーたち、そして豊田に次のような言葉をかけていた。

「メカニックは日本舞踊のようにゆっくりやれ！　素早い動きは美しくない。けっして慌ててはいけない。一分でできることを二分かけて。ドライバーは七五〇〇rpm（エンジン回転数のこと）を厳守！　シフトチェンジはやさしくリズミカルに。二秒に一回、後方を確認」

それは、手作りのレースカーで二四時間を走り切るために、彼が徹底させようとした指示だった。

タイヤがメカニックたちによって慎重に交換され、ドライバーも交替してアルテッツァはコースへと戻っていく。豊田は自分の運転の出番が来るのを待ちながら、レース序盤からの状況の激しい変化に身を固くし、その様子をただただ息を呑んで見つめていた。

このレースのあいだ、豊田は常に成瀬と並んでコースを走る手筈になっていた。だが、予定では夕暮れの明るい時間帯に担当するはずだった走行が、レース開始時間の遅れによってずれ込んだのは二人にとって大きな誤算だった。二四時間レースでは夕方から夜にかけてや夜明けなど、周囲の明るさが変化する時間帯に事故が起こりやすいからだ。

ヘルメットを被る直前の豊田は険しい顔つきで、それまでときおり見せていた気さくな笑顔も消え去っていた。そして、一〇九号車がピットに入ってくると、運転席に座って一一〇号車が戻ってくるのをじっと待った。

二人は人だかりのできたピットからそろってコースに戻り、その後、成瀬の一一〇号車を先頭に並んでノルドシュライフェを走った。日が暮れて夜になると、森のところどころで霧が立ち込め、お祭り騒ぎを繰り広げる観客のバーベキューの煙と混じりあった。

「成瀬さんの後ろを走っているときは、いつも彼と対話をしているという気持ちだった。特にニュルで走っているときはね」

と、豊田は言う。

「いまでこそ走行中はどこにいる人とでもマイクで会話できるけれど、二〇〇七年当時はまだ直線でしか声が通じなかった。だけど、僕にはそのことがかえって彼との対話を深くしたという思いがあるんです。交わされる言葉が少ない分、彼の後ろを走りながらいろんな気持ちをお互いが読み取る必要があったから」

レースは深夜になるにつれて濃くなった霧のため、約四時間にわたって中断された。それは彼らにとっては幸運だったといえた。その間にクルマをしっかりと整備し直し、スタート開始前から続いていた緊張に一息入れることができたからである。

速度域の異なる二百台以上の参加車両が、至るところで抜きつ抜かれつを繰り返すなか、次々に起こるトラブルにメカニックたちは懸命に対応していた。

テストドライバーたちは普段からニュルブルクリンクで開発テストを行なっていたが、コースに慣れているはずの彼らもレースの熱狂に闘争心を掻き立てられ、高揚していた。そのなかで成瀬だけは常に苦しそうな表情を浮かべ、緊張した面持ちをほとんど崩さなかった。

成瀬は以前に章一郎から「レースには出してはならない」と釘を刺されていたこともあり、経験の少ない豊田章男をこの場所に連れてきた責任を感じていた。自らが言い出したこととはいえ、Nチームのリーダーとして社員育成と〝社長育成〟を同時に担うことの重圧はやはり大きかったのだ。

だが、それでも成瀬はこの場所に彼らを、豊田を連れて来たかった。彼はよく言っていた。

「本当は六十歳でやめたい、でも、やっぱり章男さんが社長になるまではなァ」

レースとは何度もやってくる逆境を、チームが一丸となって乗り越えていくことの繰り返しだ。ドライバーは自らの経験をメカニックに伝え、メカニックは全力でドライバーに応える。チーム全体の工夫によって、全力で事態を良い方向へ導こうとする姿勢が重要なのだ。

レースによって学べることは多くあるが、何より自分たちが常に全力で走りながら、ライバルたちもまた全力で走って進化しようとする環境に身を置くこと。それはクルマの開発の「現場」そのものだといえた。

豊田章男は二〇〇七年のこのレースを運転教育の大きな節目として、後に社長としてトヨタ自動車の舵を取る上での拠り所を得た。

「僕の目的はこうした極限の経験を、最終的に普通のモデルに活かしていくこと」

そう語る彼は続ける。

「いまでも新入社員は『いいクルマっていったいなんですか』と聞きますよ。でも、それは自分で考えることなんです。僕にだって明確な答えはありませんよ。正解はないんです。それが社会人というものだよね。成瀬さんだって『こうしたらいいクルマになる』なんてことは言わなかった。塩を入れたらこうなるぞ、うまいかまずいか、じゃあ胡椒を入れたらどうだ、うまいかまずいか。そういうことをずっと続けてきた相手だった。

いいクルマをつくるのは人なんです。つまり、僕がしなければならないのは、人を作ることなんだ。そこに部署は関係ない。いいクルマづくりというのは開発や生産技術だけではなく、アフターサービスでも貢献できるし、営業でも販売でも広報でも、いいクルマとは関係ありませんと言える部署はどこにもない。どんな立場にいても、いいクルマをつくることにかかわることはできる。だって僕らがやっているのは自動車会社なんだから。

成瀬さんに会って、その思いが強調され、言葉になっていきました。自動車の運転は、たかが運転ですが、奥が深い。ある程度まで上達すると自分の限界がまた現れる。その繰り返しなんです。僕の周りにはいつもトップクラスのドライバーがいて、僕の運転が一番ヘタクソだったから、常に謙虚でいられた。それは成瀬さんが作ってくれた環境だったんだといまでは思うんだ」

二〇〇七年のニュルブルクリンク二四時間耐久レースは、六月十日の十六時にチェッカーフラッグが振られた。

朝九時から再開されたレースで、二台のアルテッツァは特にトラブルなく走り続けた。豊田も二度目の走行を無事に終えたが、残り四時間となった頃にまたもや強い雨が降り、ドライバーたちは視界のほとんど利かない状況での走行を余儀なくされた。二百五十台中の約四十台がすでにリタイヤしていた。

ゴールまで残り二十分となったとき、豊田と成瀬はチェッカーを二人で受けるため、再びクルマに乗り込んだ。そして、二人は慎重にコースを走り、噛みしめるように残りの時間を分かち合った。

チェッカーフラッグが振られる直前になると、各ピットからチームのスタッフが飛び出し、グランプリコースのホームストレート前の金網にしがみついた。その前をゆっくりと通り過ぎていくクルマたちを、彼らはメーカーやチーム名の入った旗を思い思いに振って迎えていく。トヨタのスタッフもピットに貼ってあった日の丸と「Ｇａｚｏｏ．ｃｏｍ」と書かれた青い幟を掲げていた。

一〇九号車に乗る豊田章男は、成瀬弘の一一〇号車に先導されて最終コーナーに向かった。すると、無線からくぐもった音で成瀬の声が聞こえてきた。

「前に行けよー」

「はい、はい」

豊田はすぐにそう返事をしたが、胸のなかでは「絶対に行くものか」と思っていた。このレースは成瀬を先頭にゴールするのだ。その気持ちは譲れない、と思った。

二台のアルテッツァは満身創痍といった様子だった。

オイルの汚れやはねた石や、ビニールテープで補修された衝突の痕、歪んだボディ。

豊田は胸が潰れそうな気持ちになり、自然と溢れてきた涙で前を走る一一〇号車が視界のなかでぼやけた。

結果は一一〇号車が総合一〇四位／ＳＰ３クラス一四位、一〇九号車が総合一一〇位／ＳＰ３クラス一六位。

それぞれ八十二周と八十周を走り切ったレースだった。

第五章 幸福な時間

21

あれは豊田章男がトヨタ自動車の社長に就任する五年ほど前、二〇〇四年の十月頃のことだっただろうか、と加藤博義は言う。

日産自動車のベテラン・テストドライバーである彼は、すでに少し肌寒くなったニュルブルクリンク北コースのピットで成瀬弘を初めて見た。

十月のニュルブルクリンクは、日によっては霜が降りるほど気温が下がり、コース上に霧が立ち込めることも多い。

秋が深まるこの時期は走行テストに向いている季節ではなかったが、そのとき成瀬は見たこともない形のスポーツカーの試作車に乗っており、どうやらそれはトヨタが新たに開発を始めた新型車であるようだった。ヘルメットを取ると白髪が汗で頭に張り付いている。

「あれがトヨタのトップガンとかいう成瀬弘か……」

と、加藤は思った。

「どんなことを考えている人なのかな」

成瀬がテストしている新型車も気になったが、それよりも興味をひかれるのは彼自身の人柄だった。というのもここ数年、加藤はこの成瀬やスバルの辰己英治などとともに、自動車雑誌に取り上げられることがよくあった。辰己とは趣味で続けているダートトラックでのレース仲間で、もともと旧知の間柄である。だが、成瀬とはまだ面識がなく、それだけに初めて見る彼のことが気になったのだ。

成瀬は一回り以上年上に当たるが、会社での立場は割合と似ているところがあった。二人とも普段の開発テストとは別に、社内で後進を育てる役割も担うトップドライバーであり、このとき加藤がドイツにいたのも社内ドライバーのトレーニングのためだった。

一九八八年にR32型のスカイラインGT‐Rの試作車で初めてノルドシュライフェを走った加藤は、以来、ドライバーの育成制度においても常に中心的な役割を担った社内ドライバーだった。

そのGT‐Rの開発テストで、加藤はかつて成瀬がセリカ1600GTで経験し、ブリヂストンがポテンザRE71の開発で受けた洗礼を同じように受けた。

それはテストの初日のことだった。加藤はまずジェットコースターのように昇り降りするコースに圧倒されたが、二〇キロメートルを超えるコースを一周走り終える前に、驚いてばかりもいられなくなった。計器を見ると油温がみるみる上昇しており、一周を待たずにクルマがエンジンブローを起こしかけていたからだ。彼のGT－Rは白煙を上げながら、満身創痍の状態でピットに戻るしかなかった。その日、彼は片道四時間かけてベルギーにある日産のガレージへ行き、食事もろくにとらずにターボチャージャーの交換をしたものだ。半ば意地のような気持ちだった。

加藤の育成メニューでは、ニュルブルクリンクを一グループ三人で一日に三十周走る。最初に自分が前を走って若手たちに手本を見せた後、次に一人の生徒を横に乗せ、後続車に二人が乗る。そのように四つのシートを代わる代わる乗ることを繰り返していく。

成瀬とあらためて会ったのはそのような訓練を終え、ニュルブルクリンク近郊のダウン（Daun）という街中にあるホテルに戻った翌朝だった。

朝食のビュッフェに一人で向かうと、前日に見かけた白髪の男がいた。簡単に挨拶をすませた加藤はそのまま彼と一緒に朝食をとり、そして一か月弱の現地滞在を通して、二人は意気投合した。加藤が成瀬と打ち解けた背景には、そこがドイツの片田舎にあるホテルだという解放感もあった。本来、新型車の開発に携わる技術者同士が、ライバル社の社員と気安く話すのは好ましくない。

「だけど面白いものでニュルみたいな場所にいると、僕らは欧州メーカーに対しての日本メーカー、言うなれば異邦人同士なんです。社会人として日本から遠く離れたところで、同じような仕事をしている同志だという思いがやっぱり生じてくる」

二〇一三年まで十年にわたって年に二度、育成プログラムでニュルブルクリンクを訪れ続けた加藤は、この出会いをきっかけに成瀬と友人のような関係を築いた。

それは彼にとってとても不思議な関係だった。

加藤は日本でもモーターショーなどのイベントで成瀬の姿を見かけたが、そこでは「あくまでもトヨタの成瀬、日産の加藤」であり、ドイツで会うときほどの親密さはなかった。

ところがニュルブルクリンクに来ると、二人はメーカーの垣根を越えて話すことができた。成瀬と同様に加藤は酒を飲まないので、若い部下たちが宿でグラスを傾けているようなとき、二人でしんみりと話をしたものだった。

もちろん他メーカーの社員である成瀬と、最新のクルマの話をするのは憚られた。だから会話と言えば「この前、行ったポーランドは女がきれいだった」「最近、近くにいい飯屋を見つけた」といった他愛のないものだったが、そこは同じテストドライバー同士、どこか深いところで通じ合うものがあった。例えば、それは「我々がここに持ってくるクルマは、下手をすれば世の中に一台しかないようなものもある。そのようなクルマに乗る緊張感ってのは、おそらく俺たちにしか分からない」という仲間意識のような何か——であった。

いずれ加藤は年上で白髪がトレードマークの成瀬を、親しみを込めて「じいさん」と呼ぶようになった。

加藤と成瀬は日本の大手自動車メーカーのなかで、クルマの運動性能を深く知り抜いたテストドライバーだったが、仕事に対する思いや情熱には少し違いがあった。

成瀬はあくまでもヨーロッパ車の世界をクルマづくりの指標とし、自社の製品をときに遠慮なく「あんなものはクルマじゃない」と言い切る男だった。対して加藤は自らの手掛けた車種に押し並べて愛着を持ち、それがスポーツカーであろうとコンパクトカーやミニバンであろうと、街で走っている姿が目に入ると、我が子の成長を見るときのように喜びを感じるタイプだった。

ノルドシュライフェを全開で走っても壊れず、様々な電子制御を駆使して安心してスピードを出せるクルマをつくることは、自動車会社の技術的進化にとって必要なことだ。だが、主に日本の市場で売るクルマに高いコストをかけても、法定速度が時速一〇〇キロメートルの国では必要のない装備や性能も多くある。そうした土地の条件やクルマ文化の違いを考慮しながら、必要十分な性能とそれに見合った価格のクルマに仕上げることも、自動車メーカーのテストドライバーにとって重要な能力だという思いが加藤にはあった。

この点では成瀬のクルマに対する姿勢は、加藤に比べて原理主義的なところがあった。それが二人の違いだった。

だが、それでも加藤が成瀬に深い親しみを覚えたのは、クルマという「モノ」に対して自ら手を汚し、現地現物で対話をするという向き合い方や、その姿勢を自動車メーカーのなかで必死に身に着けてきたという経験が共通のものであったからだ。

二人は日本の自動車開発の現場における同時代の雰囲気を、違うメーカーのなかで共有してきた。

豊田章男の一つ年下に当たる加藤は、一九五七年に雪深い秋田県湯沢市に生まれ、日産工業自動車学校を卒業後に第一車両実験部第三車両実験課に配属された。彼は四人兄弟の末っ子で、ときおり兄が買ってくる自動車雑誌を夢中で読む少年だった。

家にはまだテレビはなく、鈴鹿サーキットや富士スピードウェイで開催されるレースを見る機会はない。だが、雑誌に掲載されたその模様を読み、写真を熱心に眺めては、「いつかは競走自動車の運転手になりたい」と夢見ていた。特に憧れたのは初代のフェアレディZで、それが後に日産工業自動車学校を選んだ理由となった。

「ただ、当時は競走自動車なんていつ死ぬか分からないというイメージでしたから、中学生のときに母親に言ったら大反対されました」

と、彼は笑う。

そんな時期に読んだのが、梶山季之の『黒の試走車』だった。大手自動車メーカーの表も裏もある熾烈な開発競争を描いた同書を読みながら、彼は周囲から隠された社内のコースで新型車を走らせる「テストドライバー」という仕事に目を奪われた。

「どうやら日産やトヨタに勤めると、レーサーほど危ないことをやらないで、毎日クルマが運転できるらしいぞ」

そう思い、再び両親の説得を始めたのである。

「ちゃんとした会社だから、生きるの死ぬのという話にはならないみたいだよ――」

専門学校を卒業して日産に入社した加藤は、再三にわたって「テストドライバーになりたい」と希望して上司に呆れられるが、その甲斐あって念願の実験部へ配属される。十七歳。自動車免許も持っていない新入社員の配属は前代未聞だった。

当時を振り返るとき、加藤は日産自動車の実験部は「まさに荒くれ者の集まりだった」と言う。開発中のクルマをテストコースで走らせ、「逆ハン」を切っては豪快にタイヤを鳴らす男たち。そんな人々のなかで加藤は、まさしく成瀬がクルマをばらしては三河の山中で走らせていたように、自ら触ってクルマという工業製品の奥深さを学んでいった思い出をいくつも持っている。

例えば、あるとき彼は上司にモータープール（駐車場）に呼び出され、「（セドリックの）230を一台持ってこい」と命じられた。

「ここに場所をやるから、このクルマを全部ばらせ」

「エンジンとミッションを降ろせばいいんですか？」

と聞くと、

「違う。エンジンもミッションも全部ばらすんだ。とにかくドアから何までバラバラにして組み直してみろ」

それが彼らの実験部における「入社試験」のようなものだったのだ。

加藤は新型グロリアの担当をした後、しばらくして憧れだったフェアレディZの開発部員になった。この頃、彼はクルマのセッティングを変えては、挙動の変化を自ら確かめて運転技術を学んだ。

練習に使用したのは、S130型と呼ばれる新型フェアレディZの開発中の副産物としてつくられた試作車だった。初代Zの車体を切断し、溶接して前後に伸ばしてからL28型という新型エンジンを積み込んだもので、新しい試作車の完成後に不要となったそれを「ぶつけてもいいからこれで練習しろ」と与えられたのだ。

当時としては最もパワーのあるエンジンである。

「気が付いたら、そいつをいじり倒していました。タイヤからガソリンから何から何まで自分でやる。先輩方がデータを取った後、僕ら下っ端はタイヤをばらすんです。

その使用済みタイヤやいらない部品を取っておいて、やりくりしてずっと乗っていました」

このようにテストドライバーとしての腕を磨いてきた加藤は、同じように自らクルマをばらしては組み立ててきた成瀬と、深い部分で共鳴し合うものがあったのだ。

二〇〇四年の出会いの後、この加藤にスバルの辰己と成瀬を加えた三人は、ニュルブルクリンクのピットでよく立ち話をする機会があった。彼らが集まるのは、「インダストリアル・プール」と呼ばれる自動車メーカーの平日の占有走行の期間で、

「三人がニュルのピットでそろうと本当に始末が悪くてね」

と、加藤はいまでも懐かしそうに笑う。

「自分たちがぴゅっと乗って若い奴らを送り出したら、あとは暇だから三人で他の知り合い連中にちょっかいを出すの。クルマの話なんてしないですよ。あそこの飯が美味かった、あの店には俺の醤油が置いてあるんだ、みたいな話ばかりしている『ジジ会』ですよ。ニュルの名物の店にストーンステーキを出すところがある。で、そこに行くと本当に『成瀬』と書いた醤油が置いてあるんだからさ」

あるとき、三人はこの「ジジ会」でこんな話をしたという。

「俺たちを三角トレードしようか」

「じゃあ、俺は金がないからトヨタに行きたい」

「じいさんは日産だ」

「辰己さんはうちに来たら勤まらないだろうなァ」

だが、私に成瀬とのこの思い出を話しているとき、それまで笑っていた加藤は、ふと真顔になって言った。

「でも、本当は誰も勤まらないんですよ。日産の加藤だったり、トヨタの成瀬だったりするから食えるのであって、日産の成瀬になった瞬間、通用しなくなる。僕らにはそのことがよく分かっていた。じいさんはこう言っていました。

『同じ料理を作っても、育った場所によって大根の味は違っていて、そのえぐみを取るのには俺やお前のやり方がある。何も言われずに大根を預けられたら、たぶん俺たちはこれまでの自分のやり方で料理をしちまうだろう。でも、それはその土地の水には合わんだろ』

クルマも同じで、車体やショックアブソーバー（振動を吸収する装置）にはトヨタにはトヨタの、日産には日産の流儀がある。僕らはそのなかで育ってきた社内ドライバーなんです。一個の箇所だけを見れば、ここが美味そうだ、あそこが美味そうだ、という特徴はあるかもしれない。ただ、実際に市販されて街を走るクルマになったら、成瀬がやったから、とか、加藤がやったからというのはないんですよ。

日産は僕一人が『味付け』をできるほど小さい会社ではありません。成瀬さんだって同じ。『これが成瀬テイストだ』なんてものがあったら、そんなものは売れやしない。あくまでもトヨタのクルマ、日産のクルマなんです。自分らしさを出したいなんてスケベ根性があったら、どこかで破綻する。メーカーのドライバーという育ち方をしたというのはそういうことなんです」

だが、加藤と出会った後の晩年の成瀬は、加藤の言う「メーカーのドライバー」を逸脱する仕事に手を染め始めていた。それがレクサスLFAという、トヨタにおいて2000GT以来となるスーパーカーの開発ドライバーの座だった。

LFAの開発では、最終的な走行性能の評価が成瀬に一任されていた。それは約四十年にわたる彼のトヨタ社員としてのキャリアのなかで、最も幸福な時間であったのは誰の目にも明らかだった。

その開発が山場に差し掛かっていた頃、加藤はこんな成瀬の姿を見たことがある。

ある日、いつものようにニュルブルクリンクで若手を送り出した加藤は、ピットからコースの方を見て立っていた。すると、自分の後ろでエンジンを吹かす爆音が聞こえてきた。LFAに搭載されたヤマハ製のV10エンジンは、チーフエンジニアの棚橋晴彦の方針で音への強いこだわりがあった。

背後で吹き鳴らされる管楽器のように甲高い排気音——。

「これがまたいい音をさせるんですよ。ファンファンファンファンって。ただ、ニュルのピットでは紳士協定で、マル秘のクルマには近づかないのがルールなんです。僕と成瀬さんは友達だけれど、日産の人間がトヨタのクルマに近づくとあらぬ疑いをかけられる。それはホンダさんでも一緒。だから、僕はクルマのあるところには絶対に近づかない」

それを知っている成瀬は、わざと加藤の背後でLFAのエンジンを吹かしているのである。

「ああ、うるせェなあ」

そう思って堪《たま》らずに振り返ると、テーピングなどでデザインをカムフラージュしたLFAの試作車に乗った成瀬が、悪戯っ子のような笑みを浮かべていた。

「加藤ちゃん、マル秘だから見てもらっちゃ困るよ」

彼は言うと、再びニヤッと笑って、

「でも、どうやろ。いい音やろ？」

と、言った。

「じいさん、これ、車検通らないだろ！」

「なに言ってんだ、ここはドイツだ」

それからギアを一速に入れると、成瀬は滑らかな音を立ててコースに入って行った。

なんて始末が悪いじいさんだ――加藤は苦笑いを浮かべたが、かつてGT‐Rの開発ドライバーを経験した彼には、成瀬がそのクルマに抱く思い入れの強さが痛いほど伝わってきた。

「ニュルに章男さんがいらっしゃったときは、『今日はおまえ入って来るなよ。うちの副社長が来るんだ。おまえと絡むといろいろやかましいから』なんて言っていたものです。章男さんは、じいさんをいちばん理解してくれた人ですからね。ガズーレーシングなんていうのは、じいさんのために章男さんが立ち上げたものだと僕は思っていたし、じいさんも『やりたいことがやっとできる』と言っていた。会社ですから、本当は自分のやりたいことなんてできないんです。会社のラインアップのなかで、できることをやるのが僕らの仕事ですから。でも、LFAやガズーレーシングでは、それを一歩外れたところで自分を試せたんでしょう」

加藤の思い出にある成瀬の姿は生き生きとしている。

豊田章男とLFAを得た彼はこのとき、人生で最も幸福なときを過ごしていたのだろう。

22

成瀬にとってLFAは、自らの最初で最後ともいえる「作品」となるクルマだった。

彼がこのスーパースポーツの試作車を初めて目にしたのは、二〇〇二年の六月二十二日のことだった。アルミの押し出し材を使ったボディの試作車には、まだ「LFA」という名前は与えられていない。不格好なマスキングが施されたクルマを、関係者は「一三号車」と呼んでいた。

その日のヤマハの袋井テストコースでは、成瀬による豊田の運転訓練がいつものように行なわれていた。

この新型車のチーフエンジニアである棚橋晴彦がこの日、スープラを走らせる彼らの目の前で一三号車の最初のテスト走行を行なったのは、決して偶然ではなかった。膨大な開発費と人材が費やされるスーパーカーの開発には、この頃から社内で批判的な声が多く上がるようになっていた。そのため、棚橋は開発を続けるに当たって、一人でも多くの重役の後ろ盾を得る必要を感じていた。そこで当時、中国担当の役員だった豊田の運転訓練の日を、彼はあらかじめ調べてからクルマを持ち込んだのだ。

棚橋はトヨタに入社してすぐに設計の部署に配属され、実験部の成瀬とはときおり社内で立ち話をする仲だった。そのなかで豊田について成瀬が、「三代目は大のクルマ好きなんだ」と嬉しそうに言っていたのを覚えていた。聞けば二人は運転訓練でかなり深い親交があるらしい。

「大のクルマ好きなら、よもや止めろとは言わんだろう」

と、棚橋は密かに思った。

LFAはもともと二〇〇〇年の冬、第一開発センター第一企画部にいた棚橋が、北海道・士別のテストコースでセンター長の服部哲夫（現トヨタ自動車東日本相談役）に発案したものだった。

毎年、冬になるとトヨタでは、社内外のクルマを集めて士別で冬季試験を行なう。そこに上司である服部の姿を認めた棚橋は、夜に飲み屋で「大きなスポーツカーをやりたい」と提案したのだった。この提案の背景には前年まで水面下で計画していた一・三リットルエンジン搭載の小型スポーツカーの開発が、社内の新コンセプト提案会議で却下されたという経緯があった。

彼の提案した後輪駆動の小型スポーツカーは、奥田体制のもとで発足した社内ベンチャー制度を利用し、技術部の有志が二年がかりで先行車まで組み上げていたものだった。だが、同じ時期にセリカの最終モデルとMR-Sというスポーツタイプの二台の発売が重なっており、企画部門に「そんなクルマはこれ以上、いらんだろう」と一蹴されたのだ。そこで当面の目標を失った棚橋が次のコンセプトカーとして提案したのが、LFAの源流となる「大きなスポーツカー」だったのである。

だが、そのように二〇〇〇年から始まった先行開発は、時間が経つにつれて複数の部署から「白い目で見られるようになっていった」と棚橋は振り返る。第一企画部の少数のエンジニアが「趣味」でやっているうちはよかったが、次第に開発が進むと開発コストも膨らみ、何より貴重な技術者の手間と時間が費やされるようになっていく。トヨタでは秋口から年末にかけて現在開発中の車種を並べ、数年後に向けてどのクルマにどれだけの人材資源を割り当てるかを調整する。そんなとき、棚橋のプロジェクトへの風当たりはいよいよ強くなった。

企画部門からは「こんなわけの分からないクルマにコストを割くな」と面と向かって罵倒され、また、技術部からも「もっと儲かるクルマに人を割くべきだ」と目の敵にされる。

棚橋も約三十年間という時間をトヨタ自動車で費やしてきた男だ。会社の成り立ちからして豊田佐吉が「上下一致、至誠業務に服し、産業報国の実を挙ぐべし」と豊田綱領に掲げ、喜一郎が「この国に自動車産業を興す」ことを目的としたメーカーがトトヨタであり、LFAのようなスーパーカーの開発が簡単には受け入れられないことを身に染みて理解していた。

トヨタにはカローラやハイエースがあれば、ミニバンやトラックもある。それらの大衆車が会社を支えているのであって、金食い虫のスポーツカーの開発などする必要はない。そんな声はいまも昔も根強い。

「うちの会社はスポーツカーやスポーティなクルマを出すには出すんだけれど、純然たるクルマ好きがつくるクルマというよりは、商売の論理がどうしても入ってくる。そこは成瀬さんもフラストレーションを感じていたところでしょう。彼がニュルで鍛えたスープラなんかもそうでした。法律で排ガス規制が厳しくなると、何らかの対策を打たないと新型が出せない。すると、そのタイミングですぐに『それだけの価値があるのか、こんなわずかな台数に』というリソース議論にさらされてしまう。

そうすると勝ち目がないんです。売れないじゃないか、台数は小さなものじゃないか、と言われちゃうとね。それは会社の性格上、仕方のない面もあると僕は思ってきた。トヨタは本田宗一郎やエンツォ・フェラーリが作った会社とは違う。だから、この会社でスポーツカーを出すには、そこを乗り越えるために何が必要かを考えなければならない」

棚橋には一人のエンジニアとして、揺るぎない信念があった。いまある最高の技術を用いて、自分たちの考える最高の走りをクルマづくりにおいて実現すること。また、クルマ好きの人々に夢や憧れを与えること――。それは自動車メーカーにとって、常に必要な仕事だという思いがあった。

そして、その思いをこの会社で実現するには、スポーツカーに対して子供のような夢と理想を抱くだけではなく、同時に社内をうまく渡り歩くための戦略を練る必要があることを理解していた。そこで彼が取った戦略が、社内の逆風のなかで地道に強力な後ろ盾を見つけていくというものだった。彼は二〇〇〇年からLFAの先行開発を続ける過程で、このプロジェクトに対して否定的ではない人々が経営陣のなかにもいるという感触をつかんでいた。

例えば、当初、棚橋はLFAに搭載するエンジンをV型八気筒にしようと考えていた。ところが二〇〇〇年の十月、当時の技術担当副社長だった加藤伸一は「二年経ったらF1に出るんだぞ。V8じゃ寂しいからV10にしろ」と棚橋を煽った。秋から冬にかけての会議で「リソースの議論」をし始めるのは主に部長クラスであり、役員からはこのプロジェクトを止めろと一度も言われていなかった。

棚橋は黙認している役員を味方に付けようと、試作車の試乗会があるたびに「目ぼしい人を引っ張ってきて乗せる」ことにした。様々な経営的な考え方や手法があるとしても、そこは自動車メーカーである。スポーツカーが嫌いな社員などいないはずだ。乗れば「面白い」と誰もが言うはずなのだ。

その意味で成瀬弘に運転を習い、無類の「クルマ好き」と噂される将来の社長候補の豊田章男は、いずれこのクルマを企画会議で通し、市販にこぎ着けるために接触しておくべき最も重要な人物だった。

一三号車と呼ばれる試作車は、まだ「まともに走らないクルマ」だった。電子ブレーキのチューニングが未成熟だったため、ブレーキを踏んでも思うように減速することすらできなかったからだ。

豊田はこのクルマに乗ってテストコースを何周かすると、

「すごいクルマですね」

と、言った。

成瀬がニヤニヤしながら横で見ている。事前に自分でも運転していた棚橋は、その言葉を「恐ろしくて、まだとても運転できない」という意味に受け取って苦笑いを浮かべた。

しかし、感触は悪くなかった。試作車に乗った豊田はこのクルマに興味津々で、成瀬が「大のクルマ好き」と言っていたのは本当のようだと思った。新しいスーパーカーの初号機に彼を乗せたことは、いずれ開発の過程で大きな意味を持ってくるかもしれない。

「面白そうだ。ぜひ頑張ってほしい」

豊田が言った。

「でも、私は何をすればいいんですか？」

そう続けられ、

「いや、とりあえず応援をしてください」

と、棚橋は答えた。

23

成瀬弘が技術部内にある棚橋のプロジェクトルームをふらりと訪れたのは、そうして終わった試作車のテストから数日後のことだった。

それまでもときおり部屋に遊びに来ていた成瀬だが、この日はいつもよりあらたまった様子だった。そして、彼は棚橋に声をかけると、神妙な口調で「この前にヤマハで見たクルマのことだけれど」と言った。

「あれ、俺にやらせてくれないか。もしやらせてくれるなら、命がけでやる」

そう言われ、棚橋は我が意を得た気持ちになった。

この新しいスーパーカーは、ポルシェやフェラーリ、ランボルギーニなどと比較され得るものでなければ、開発する意味がなかった。そのためには、従来のトヨタのクルマづくりとは全く別のやり方が必要だった。

本来、市販車の開発は様々な部署の意見を取り入れながら、「売れるクルマ」を考えていく。最初のコンセプトから最終的な走行性能や乗り味まで、技術部だけではなく営業部、販売部の多様な声を聞き、合議的に市販モデルを形成するのが普通だ。そして、多くの意見を取り入れるうちに、クルマは当初のコンセプトから離れて「丸くなっていく」ものだ。

しかし、棚橋が手掛けようとしているスーパーカーは、トヨタの歴史においてあまりに異質な存在だった。V10エンジンが搭載され、無尽蔵な開発費で走りを極めるクルマ——実際に市販までたどり着けたとすれば、それは2000GT以来、数十年に一度つくられるかどうかというフラッグシップカーとなる。

そのような特別なクルマだからこそ、社内テストドライバーの頂点に立つ成瀬一人に、走行性能の開発テストを任せることは理に適っているように思えた。普段のような「合議制のクルマづくり」をしていては、個性的なスーパーカーなど生み出せるわけがない。クルマに対する夢や理想を強く語る者たちが、自分たちの思いを込めてつくらなければ意味がないのだ――棚橋の気持ちはすでに固まっていた。

「だから、僕はすぐに『ぜひお願いします』と成瀬さんに言ったんです。そして幸運だったのは、このクルマが社内的に認められないどころか、そんなプロジェクトはやめろと言われているものだったことでした。誰も『ああしろ、こうしろ』と言う人が最初からいなかったんです。普通のプロジェクトなら、開発ドライバーを一人に任せるなんてあり得ません。でも、LFAについては、成瀬さんが腕を振るう余地が生まれていたんです」

そのとき二人が共有していたのは、「これが自分の最後のクルマになるかもしれない」という思いでもあったはずだ。

成瀬は間もなく六十歳になろうとしていた。人材育成や開発テストの能力を買われ、いまも現場に立ち続ける老練のテストドライバー――それが彼の置かれていた立場だった。

一九五三年生まれの棚橋も五十歳の峠を越えようとしていた。クルマの開発には市販までにいくつもの壁がある。特に企画会議で正式にプロジェクトが認められ、さらにクルマの開発が完了し、生産体制が作られるまでの長い時間を考えれば、エンジニアとして残された時間は少なかった。

棚橋の成瀬に対する信頼にはもう一つの理由があった。

それは二人が初めて出会った一九八〇年のことだ。大学を卒業後、トヨタに入社した棚橋は、サスペンションの設計を担うシャシー設計の部署に希望通り配属された。

成瀬の育ったのと同じ岐阜県生まれの棚橋は、中学生の頃から『カーグラフィック』を読み始め、クルマのプラモデルを作ってばかりいる少年だった。とにかく機械で動くものなら四輪車でも二輪車でも、兵器であっても好きで、熱心に雑誌を読み込んではグランプリレースなどの世界に憧れた。トヨタに入社したのは地元の近くにある優良企業だったことに加え、『カーグラフィック』でトヨタ車の足回り性能が低い評価を受けているのを読み、「それなら俺が変えてやろう」と思ったからだった。

当時のトヨタではターセル／コルサやカムリに続いて、主力車種のコロナやカローラを前輪駆動に変えようとしていた。その開発を続けるなかで、彼は車両試験課でコロナを担当していた成瀬と仕事をする機会を得た。

「第一印象は、とにかく現場に行くと、いつもボディをギコギコいじったり、カンカン叩いたりしている人、というものでした」

と、彼は振り返る。

棚橋が一回り上の先輩である成瀬に深い信頼を寄せるようになったのは、前輪駆動のコロナを開発する上で、彼が開発者たちとは異なるアプローチでクルマを深く理解していることを知ったからだった。

　その頃、技術部では前輪駆動の試作車の挙動が安定せず、開発を進めるのに苦慮していた。それぞれの車種で課題は異なっていたが、例えばカローラは少し荒れた路面で急ブレーキを踏むと、衝撃を受け止めたサスペンションから加えられる力に耐えきれず、ボディが変形してしまう有様だったという。

「要するにフロント部分の剛性や強度が全く足りなかったのですが、当時のエンジニアにはそうした『ボディ剛性』に対する理解が足りなかったんです。足回りの性能はサスペンション、つまりシャシー設計だけで決まるという風潮がうちの会社にあったから。ところが、成瀬さんは『それよりもまずボディの剛性だ』としきりに言っていました。彼はレースでその意味を身をもって経験していただろうし、現場で一人でそれを言い続けていたんです」

　コロナとカローラを担当していた棚橋は、「棚橋さん、ちょっと来てくれないか」と成瀬によく呼ばれた。実験部にはトヨタが今後採用する横置きエンジンの前輪駆動車の手本として、フォルクスワーゲンのゴルフが置かれていた。その車体を指差して、成瀬は続けるのである。

「ほら、ここを押してみて。張りがあるだろう？」

それから成瀬はコロナの同じ個所を揺するように押して言った。

「な？　こっちはボヨンボヨンだろ」

普段から三河の山間部を自分のクルマで走り、車体の一部につっかえ棒を入れては挙動の変化を確かめていた成瀬にとって、こうした見識は自明のことだった。

「でも、成瀬さんの話は当初、周りには受け入れられていたとは言えませんでした。ボディ剛性が操縦安定性や乗り心地、要するに車両運動性能に効くのは、いまは誰もが認める当たり前のことですが、あの当時は社内で声高にそれを言う人はいなかった。残念ながらね。

私は成瀬さんがそうやっていろいろ実証してくれるのに立ち会って、直感的に『そうだろうな』とは思っていました。しかし、当時のシャシー設計の上司なんかは、『ボディ剛性が走行安定性に効くというけど、本当かよ』と言っている。私は成瀬さんと接しながら、だんだんとこの人は並みの人ではないと感じて、話を聞くようになっていったんです」

棚橋が成瀬と仕事上のやり取りを交わしたのは、コロナとカローラを開発中の二年間に過ぎなかった。だが、その後も二人は交流を続け、技術部の現場で会えばクルマ談義に花を咲かせるようになった。

だから六十歳になろうとする成瀬に「命をかけてやる」と言われたとき、棚橋はその変わらぬクルマへの一途な思いに胸を打たれるような思いがしたのだ。

「成瀬さんはその頃、社内では特別な立場の人になっていました。個別の車種の開発では合議制でいろんな人の意見を聞く。最後の方になって成瀬さんにも乗ってもらい、コメントをもらえばよし、という雰囲気がありました。それがいつの間にか、『成瀬弘が開発した』なんて宣伝に使われていたり……。内心は不満だったと思いますよ。だからこそ、LFAを見て、心に期するところがあったのだと思います。あれをやってみたい、と。考えてみれば、彼は自分のプロジェクトをこれまで一度も持ったことなんてなかったのだから」

成瀬の言葉を聞いて、棚橋はLFAの開発に対する覚悟をあらためて胸に抱いた。もとより誰もが手に入れられるようなクルマではない。「みんなの声」をいつものように聞くのは、このクルマの開発にとってはやはり意味がない。

「自分が良いと思うことを追求していく。そして、運動性能については成瀬弘に一任する」

その二つを貫いたあとは、大変な高額になるであろうクルマを、ほんの一握りの人たちに買ってもらえればいい。何より重要なのはこのクルマによって、レクサスという ブランドの旗を立てられるかどうかだ――と。

24

二〇〇四年十月、棚橋と成瀬の周りに集まった少数の開発スタッフは、LFAをニュルブルクリンクに初めて持ち込んだ（成瀬が日産の加藤博義に会ったのはこのときだ）。最初は思うように止まることすらできなかったLFAだが、二〇〇三年夏から本格的に開発が進められ、徐々にクルマとしての完成度も上がっていった。ノルドシュライフェを走り込んでクルマを鍛えることとは、当初から二人が目指していたことだった。

二人が言葉にしたLFAのコンセプトは、「絶対的な安心感があり、かつ走りの快感が得られるスーパーカー」というものだった。とりわけ成瀬は、「道を選ぶクルマではダメだ」と繰り返し言った。それはすなわち彼にとって、あらゆる「道」があるとされるノルドシュライフェを、どんな状況でも気持ちよく走れるようにする、という意味だった。

棚橋は二週間のテストのうちの後半にニュルブルクリンクを訪れ、試作車の出来を成瀬に確認した。すると成瀬は自分の姿をピットに認めてすぐに、彼にしては珍しいほどの笑顔を見せて言った。

「棚橋さん、この二十年間、俺はずっとニュルでポルシェの後ろ姿を見てきたんだ。何も見なくてもあの後ろ姿を絵に描けるくらいに、だぞ。それがさ、このクルマで初めてあいつらをぶち抜くことができたよ」

それからの一週間、成瀬はノルドシュライフェを繰り返し走りながら、今後の課題を棚橋とともに浮かび上がらせていった。新型車のテストをこのコースで行なう場合、彼らは二〇キロメートルを超えるコースのいくつかにポイントとなる箇所を用意している。

まずピットを出てすぐに迎えるS字区間を、いかにスムーズに気持ちよく駆け抜けられるか。そして、橋を渡って最初のジャンピングスポットを安全に乗り越えられるか。その二点を確認すると、ドライバーはアクセルを全開にしていくつかの高速コーナーを抜け（LFAの場合は時速二六〇キロだ）、丘のようなコースを登ってから一気に降りて行く。

再び登りながらのブラインドコーナーの先に、タイミングと走行ラインを少しでも外すとクラッシュの危険がある右コーナーがある。猛烈な縦Gを感じながらの下りを全開で走り続けると、しばらくしてアデナウという町の名をとった名物コーナーが現れる。そこで一度、油温やブレーキ温度、そしてタイムを計器で確認し、異常がなければテストを続行する。

カルーセル、ギャラリーコーナーと名付けられた同じく名物コーナーを過ぎる。次に一段と強い恐怖を感じるのは、二度目のジャンピングスポットだ。ここでは着地するのと同時にブレーキを一気に踏み込んで右に曲がらなければならない。ノルドシュライフェにはほとんどエスケープゾーンがなく、ミスをすればガードレールがみるみる迫ってくる。

そこまで来れば残すは最後の長い直線となり、「Audi」の看板の手前で計測器を再び確認し、そこで以前よりも無理なく良いタイムが出せていれば、クルマの仕上がりの方向性は間違っていないということになる。その時間、およそ八分である。

成瀬たちテストドライバーは、こうした周回を数限りなく繰り返して、クルマを少しずつ変化させていく。

彼らが目指すのは技術的にはボディ剛性を高め、前後左右、上下のバランスの良い骨格を作り上げることだ。それがクルマの安定感となり、意のままに操れているという感覚をドライバーにもたらす。そのようなクルマは、もちろん速い。その様子を間近で見続けてきた棚橋は、地道な作業を繰り返す成瀬の言葉の的確さに舌を巻く思いだった。

何度もやり取りを交わすうちに、棚橋は成瀬をテストドライバーに迎えた判断の正しさを確信した。何より成瀬は生き生きとクルマに接しており、本人の言葉通りＬＦＡに「命をかけている」という思いが伝わってくるようだった。

トヨタに入社して四十年が経ち、成瀬は初めて日産の加藤が言う「トヨタの成瀬」ではなく、自分の作品としてのクルマを手掛けていた。

LFAの開発が市販化に向けての最初の山場を迎えたのは、テストを繰り返すこと二年、二〇〇五年の十一月に入って開かれた商品企画会議だった。

それまで第一企画部が企画するコンセプトカーに過ぎなかったLFAも、商品企画会議での承認を受ければ晴れて正式なプロジェクトとなる。

その日、棚橋は不安だった。六年前に企画した小型スポーツカーがそうだったように、会議の場で開発の中止が告げられる可能性は十分にあった。彼にとっての心の拠り所は、各部署の中間管理職からは目の敵にされながらも、技術部のトップだった加藤伸一、そして、当時副社長だった岡本一雄や内山田竹志（現会長）といった役員たちが、陰ながらこのプロジェクトを見守っている感触を得ていたことだった。

特に岡本は「やるなら中途半端にはやるな」と言い、高価なカーボン・ファイバーをLFAに使用するよう指示した人物である。棚橋はヤマハテストコースでの役員試乗の際、前述のように何人もの役員を試作車に乗せていたが、これは成瀬にはできない根回しであり、会議ではその成果がついに試されるのだった。

そして、最大の後ろ盾は同年に副社長に就任した豊田章男だった。成瀬とともに運転訓練を続けてきた豊田は、この二年間でＬＦＡへの最も深い理解者となっていた。棚橋はその日の商品企画会議で、トヨタ自動車が高額なスーパーカーをつくる意義を必死に訴えた。折しもアメリカで誕生した高級車ブランドであるレクサスが、八月に日本へ導入されたばかりだった。ＬＦＡの開発は棚橋の個人的な動機から始まったものだったとはいえ、レクサスというブランドの価値を引き上げるフラッグシップとなるスポーツカーが、我々には必要とされているはずだと彼は言った。

事務局の面々にはいまだ乗り気でない表情が並んでいたが、棚橋の説明を受けて豊田と岡本が、演説でもするようにＬＦＡの意味を説いた。

「自動車会社は金儲けをしているだけじゃいけない。こういうクルマをつくれるようになるべきではないか」

岡本が言うと、豊田もまた棚橋を援護して続けた。

「トヨタ自動車という会社は、新興国には生活の足になるクルマを提供する会社です。そして、地球環境についてはプリウスのようなハイブリッド技術がある。私たちは環境分野ではトップランナーだと胸を張れる技術を持っているわけです。しかし、トヨタには欠けているものがある。それがクルマ好きの人たちに対して、純粋な夢や憧れを喚起するような商品です。このクルマは、そうした人たちに向けての大きなメッセージになるはずです」

棚橋は自分の思いが代弁されているような気持ちで、この言葉を聞いていた。

豊田が話し終えると、会議室は静まり返っていた。ＬＦＡの開発に眉をひそめる役員はそれでもいたが、両副社長がこうまで強い言葉で承認しようとしているプロジェクトに対して、異論を述べようとする者は一人もいなかったのである。

ＬＦＡの市販化が正式に発表されたのは、二〇〇九年十月の東京モーターショーだ。商品企画会議の後もプロジェクトに対する批判的な声は収まらず、二〇〇八年のリーマン・ショックによって一度は開発が中止に追い込まれかけたこともあった。「予算を三分の一に減らす」と経理部門の担当者に言われながら、棚橋は薄氷を踏む思いで最終試作車を仕上げ、五百台の限定生産という形での発売が決定された。

25

開発の最終段階においても、豊田はＬＦＡのプロジェクトを守ろうとした。

成瀬の推薦で開発ドライバーの一人となったレーサーの飯田章は、例えば発売が間近に迫った頃の幹部試乗会に満ちていた緊張感を、いまでもよく覚えていると話す。

経営幹部の「リーマン・ショックで大変なこの時期に、赤字のスーパーカーなどつくっている場合ではない」という声に対して、豊田はときに声を荒らげて反論していたという。そして、ついには「ここには僕のやっていることや僕の発言に対して、不満を感じる人もたくさんいると思う。しかし、いても構わないし、そうした人たちと一緒に僕は仕事をしようとも思っていない」とまで言い放っていた。

普段、豊田は飯田のようなプロドライバーや現場のメカニックに対して、常に穏やかな調子で接する男だった。彼の振る舞いからは、クルマづくりの現場を担う自分たちへの敬意が感じられ、声を荒らげることなど全く想像もできなかった。

だからこそ、なおさら社内の幹部に対して強い言葉で牙を剝く様子に、飯田は豊田の意外な一面を見た思いがしたものだった。

ただ、飯田がLFAに冷淡な幹部たちに接して抱いたのは、むしろ彼らもまたクルマを愛する人々なのだという思いであったという。

それはこういうことだ。トヨタ自動車は巨大な会社である。クルマ好きであれば誰もがBMWやメルセデス・ベンツのようなクルマをつくりたいと思う。だが、成瀬ですらそうだったように、誰もが組織では様々な制限のなかで働き、胸に秘めた夢よりも現実を重視して生きなければならない。トヨタの土台を支えているのは、あくまでもカローラであり、ハイエースであり、プリウスなのだ。

その意味でLFAというプロジェクト——後の社長候補である豊田章男に守られたプロジェクトは、多くの幹部社員のトヨタでのこれまでの行き方を否定するようなものなのかもしれなかった。後に豊田が「もっといいクルマづくり」を社是のように語り、「トヨタ社内にはクルマを愛する人がたくさんいる」と語るとき、その言葉は豊田に反発する彼らに投げかけられているという面もあるのだろう。

しかし、なぜ、そこまでして豊田はLFAのプロジェクトを守ろうとしたのか。いまでは答えは明白だ。成瀬と過ごしたおよそ十年間という時間が、彼をそうさせずにはいられなくしていたのだ。

「俺たちはクルマ屋だ、クルマ屋ならクルマ屋らしいことをやっていかなきゃダメなんだ」

飯田はLFAの開発を行なった日々を振り返るとき、「そんな強いメッセージを成瀬さんの背中から感じ続けてきました」と語る。

「それを感じられる人と感じられない人が当然いるわけで、全く理解してくれない人が社内にいるのも当たり前でした。そのなかで豊田さんは成瀬さんの理解者の一人になっていったんでしょうね。だからこそ、豊田さんはLFAの防波堤になった。ごく少数の精鋭のメンバーでV10のスーパースポーツの開発を続けるとき、その灯が消えそうになる度に豊田章男という人間が支えてくれていた。あのクルマはそんなふうにしてつくられていったんです」

そして、東京モーターショーでの正式発表の翌年の二〇一〇年、LFAは四月に抽選によって五百台分の購入者が決定された。それから二か月後、飯田は限定五十台の高性能版「ニュルブルクリンク・パッケージ」の開発テストのため、鮮やかな新緑に覆われたニュルブルクリンクに向かった。

一九六九年に神奈川県相模原市に生まれた飯田章は、日本を代表するレーシングドライバーの一人である。

この飯田をLFAの開発ドライバーに推薦したのは、当然のことながら運動性能の全てを担当している成瀬弘だった。二〇〇七年の秋、富士スピードウェイで試作車のテストが行なわれていたとき、成瀬はちょうどサーキットを訪れていた飯田に声をかけた。

「今度、このクルマをニュルに持っていく。飯田君もテストに参加してくれないか」

成瀬が飯田に期待したのは、LFAの限界性能の見極めだった。六十歳をとうに超えた成瀬にとって、さすがに時速三〇〇キロメートルを超える領域での評価は手に余るものだった。そこで自身がテストドライバーとしての能力を認めた飯田に、最高速域でのテストを担当してほしいというのが彼の目論見だった。

そうしてLFAの開発ドライバーの一人となった飯田は、成瀬からノルドシュライフェの走り方を学び、市販スポーツカーの開発テストという仕事に惹きつけられていく一人となる。

飯田は日本大学農獣医学部に在学中だった一九八九年、現在はモータージャーナリストである姉の代役として、富士スピードウェイでのフレッシュマンズレースに出場した。その後、中古車店で買ったトヨタのAE86型のカローラ・レビンを仲間と改造し、レースに出るようになったのが彼のキャリアの始まりだった。

AE86のレースは人気があり、参加台数は常に百台を超え、三クラスに分かれて開催されていた。そこで好成績を収めていた飯田に目を付けたのが日産で、契約ドライバーの検定試験を受けることを勧められた彼は、一九九一年には同社のモータースポーツ部門であるNISMOからツーリングカーのレースに出場するようになった。

以後、飯田は全日本F3000や国際F3000など、F1ドライバーの登竜門でもある国内外の選手権に参戦、着実にレーシングドライバーとしての実績を積み、二〇〇二年には日本のツーリングカーレースの最高峰である全日本GT選手権で、スープラに乗ってチャンピオンを獲得した。

そんな彼が成瀬弘と深く交流するようになったのは、アルテッツァでスーパー耐久シリーズに参戦していた二〇〇一年の秋のことだった。トヨタの社内テストドライバーの運転訓練がニュルブルクリンクで行なわれた際、リーダーを務める成瀬に自動車雑誌の知人を介して「一緒に来てみないか」と誘われたのだ。

飯田は彼らとともに訪れたニュルブルクリンクで、スープラのガソリンを使い切って走る「燃費競争」を訓練生とともにした。同じ量のガソリンで周回を重ね、最も長い距離を走ったドライバーが勝ちとなるゲームで、速さに加えて効率の良い運転技術が求められる。飯田は的確なペース配分と走り方で、二〇キロメートルを超えるノルドシュライフェを他の訓練生よりも一周多く走った。

この「レース」を終えた後、二十名ほどの訓練生を前に成瀬は言った。

「レーシングドライバーにもこういう奴がいるんだ」

このとき成瀬が飯田をこのように紹介したのは、自動車会社に勤めるエンジニアや現場の社員には、レーシングドライバーへの偏見を持つ者も少なくないからだった。

「レーサーは速く走れるかもしれないが、クルマは壊すし、量産車の良し悪しなど分からないだろう」と考える者も多いのだ。

だが、飯田のような日本の最高峰クラスのシリーズでチャンピオンを獲得できるドライバーは、身体中に成瀬と同じように敏感なセンサーを持っているものだ。問題はその使い方の違いであり、成瀬は飯田のテストドライバーとしての能力を高く評価していた。

もともと飯田はサーキットを誰よりも速く走ることだけではなく、そのプロセスそのものに惹かれてレース車両の世界に飛び込んだ男だった。彼の原点はいまでもAE86を仲間とともにレース車両へと改造し、一台のクルマを作り上げていった十九歳のときの経験にある。解体屋で探してきた中古のエンジンを車体に積み、それが正確に動いたというだけでも喜びを感じた青春の日々。レーシングドライバーとして一通りの体験をした後、四十歳になろうとする彼がLFAという市販車の開発の世界にたちまち魅了されたのは、そんな自らの原点に立ち戻ったからでもあった。

「成瀬さんはいつも言っていました。LFAがカーボン・ボディになって本格的な開発ができるようになったとき、自分たちを取り巻くニュルの雰囲気が変わった、と。例えば、僕らがニュルパッケージでコースに入ると、みんなの視線が集まるのを感じるんです（飯田は二〇一一年、LFAで当時の市販車最速である七分一四秒六四というタイムを記録した）。それは『今回は何をやるんだ』という視線で、コースインするとポルシェだろうがベンツだろうが、僕の前をすっとどいてくれる。自動車会社というのは、こうやって尊敬を勝ち取っていくものなんだと実感した瞬間でした」

それはトヨタの歴史のなかで、初めてのことだと成瀬は言っていた。ものづくりの最先端の現場で、トヨタというメーカーが他社から認識されていく。その瞬間に立ち会えたことに、飯田はぞくぞくするような興奮を覚えた。

テスト走行中のレクサスＬＦＡ
（ニュルブルクリンク・パッケージ）

第六章

弔辞

26

その日、二〇一一年六月二十四日、ニュルブルクリンクの空は晴れ上がり、淡い水色をした空にうっすらと雲が浮かんでいた。

二四時間レースの本番を控えたガズーレーシングの一行が、成瀬弘の死亡事故現場で追悼式典を行なった日の翌日、私はニュルブルクリンクを案内してくれたレーシングドライバーで、フリーランスのテストドライバーでもある木村正治とともに、同じ事故現場を再び訪れていた。

六月とはいえアイフェル高地はまだ春先のような気候で、風が吹くと少し肌寒さを感じた。道路沿いに立ち並ぶ木々の葉が太陽の光を受け、ときおりきらきらと輝いて見えた。

すでに述べた通り、世界最大の草レースと呼ばれた二四時間レースへのトヨタの参戦は当時、古くからの草の根ドライバーたちに必ずしも好意的に受け止められていたわけではなかった。「トヨタがレースに力を入れるといっても、どうせF1のように金にものを言わせて引っ掻き回した挙句やめちまうんだろう？」

数年前にBMW3シリーズでレースに出場した木村も、どちらかといえばトヨタの参戦に対して不信感を抱いている男だった。

しかし、その彼も成瀬の事故現場に来ると、ポケットから取り出したマルボロに線香代わりに火を点け、静かに目を瞑《つむ》って哀悼の意を捧げていた。

木村は成瀬と直接面識があったわけではない。だが、その様子を間近で見ながら、ドライバーとしての立場の違いがあってなお、ニュルブルクリンクを愛するプロドライバー同士にしか分からない共感のような何かが、そこにはあるように私には感じられた。


——成瀬弘が死んだあの日も、このように空は晴れていたという。

私がそのときの様子を初めて詳しく聞いたのは、このニュルブルクリンクでの取材で事故現場に駆け付けたLFAの開発ドライバーの一人に話を聞いた際のことだった。

ノルドシュライフェから数キロほど離れた静かな町の一角に、トヨタが拠点としている小さなガレージがある。

「トヨタ・ガレージ」と彼らが呼ぶ白っぽい建物には、四、五台のクルマが収容できるガレージと事務所、それから簡単な仮眠室が備えられている。入り口には少し広めの駐車スペースがあるものの、特にそこがトヨタの関連施設であることを示す表示はない。ニュルブルクリンクの周辺には、同じように様々なメーカーの拠点がそのようにしてある。

ガレージを私が訪れたのは、成瀬の命日の翌日、この二〇一一年六月二十四日のことだった。建屋内には黄色いLFAと唐草模様のカムフラージュが施されたFT-86（後の86）が置かれ、メカニックが作業を続けていた。

事務所で話を聞いたのは、成瀬が率いたNチームのメンバーで、「トップガン」の一人である勝又義信だった。

前年の六月二十三日、勝又はこのトヨタ・ガレージを拠点に、LFAのテストに携わっていた。現地には飯田章の他、数名の開発スタッフが約二週間の滞在の予定で集まっていたという。テストを行なうのは前述の「ニュルブルクリンク・パッケージ」で、五月から六月にかけて飯田と担当エンジニアの伊東直昭が日本でチューニングしたクルマを、いよいよノルドシュライフェでの「最終試験」にかけるのが主な目的だった。

「あの日は、成瀬さんにしては珍しく、LFAに横乗り（助手席のこと）させてもらったあとで、『おまえも乗ってみるか？』と言われたんです。めったにクルマを褒めない人ですから、ああ、これは本当に良い仕上がりなんだと僕は思いました」

と、勝又は言った。

成瀬がそのLFAを初めてテストしたのは、前々日の六月二十一日だった。翌日、遅れて現地入りした飯田に対して、成瀬はいつになく上機嫌で言った。

「すげえなこのクルマ。俺はトヨタに来て初めてこんないいクルマに乗ったよ。ぜんぶこれにしたいくらいだ」

飯田はこの言葉を聞いてほっと胸をなで下ろし、この数か月間の苦労は無駄ではなかったと喜びを噛みしめた。もともとニュルブルクリンク・パッケージは、LFAの開発の予定にはなかった高性能版だった。成瀬はそのチューニングを伊東と飯田にほぼ任せており、飯田は自分のテストドライバーとしての感覚に成瀬が合格点をくれるかどうか、不安を抱きながらドイツに来たのだった。

「成瀬さんだったらどうするだろう？　そう考えながらあらゆる箇所に手を入れたクルマでしたから、最初に乗ってもらうときは『こんなもん勝手につくりやがって馬鹿野郎。お前なんかいらないから帰れ』と言われるんじゃないか、とドキドキしていました」

あるクルマの高性能版をつくることとは、単に馬力を上げれば良いというものではない。パワーを上げればそれまでバランスを保っていた多くの部品を、改めて構成・吟味し直す必要がある。

飯田は成瀬と仕事をするなかで学んだ開発テストの手法や感覚を総動員しながら、ニュルブルクリンク・パッケージを鍛え上げてきた。成瀬の「ぜんぶこれにしたいよ」という言葉を聞いたとき、飯田はLFAにかかわった歳月が報われたような気持ちになった。

「ああ、明日から忙しくなるぞ」

成瀬が極めて上機嫌だったのは、発売の決まったLFAがついに一つの理想に近づこうとしていたことを、彼が実感していたからだった。

その日、勝又はLFAの助手席に乗りながら、成瀬の走りがいつもと違うことに気づいた。

本来の成瀬の走りは、「クルマとの対話」を重視するものだった。速さやタイムを追求するのではなく、ノルドシュライフェの長い一周のなかで様々な負荷をクルマに与え、ハンドルの感触、ブレーキの利き方、コーナーでの乗り心地の変化などを見極めていく。

よって、成瀬はテスト走行中に無理な運転をすることは決してなかった。勝又の印象では時速一〇〇〜二〇〇キロメートルのあいだでは、成瀬も限界性能を試すテストを果敢に行なっていた。だが、七十歳近い年齢に対する衰えの自覚や慎重さもあったのだろう。時速三〇〇キロの領域でクルマの性能を使い切って走るテストについては、信頼を置くレーシングドライバーの飯田に任せきっていた。

ところが、勝又を隣に乗せて走ったこのとき、成瀬は自身に課していたと思われるルールを破り、LFAの性能を味わい尽くすような運転をした。

成瀬は持ち前である一切の無駄のない、滑らかな運転手法を明らかに捨てていた。ひっきりなしに高速でクルマが上下左右に振られるノルドシュライフェ。最初の出会いから約四十年間にわたって数限りなく周回を重ねてきたこのコースで、彼は減速が必要なコーナーの度にぎりぎりまでブレーキを遅らせ、腕を軽く左右に振ってハンドルの手ごたえを確かめると、クルマを押さえつけるようにして豪快なコーナリングを見せた。

LFAは成瀬の手の内からときどき離れ、リヤタイヤが思ったよりも滑った。それを無理やりねじ伏せて直線に入ると、クルマは棚橋のこだわった獣の咆哮《ほうこう》のような唸り声をあげて加速し、シートに体がぐっと押さえつけられた。

「こりゃあ、成瀬さん、頑張ってるなァ」

と、勝又は助手席で冷や汗をかきながら思った。まるで成瀬から「おい、勝さん。俺だってまだまだこれだけ走れるんだ」と言われているかのようだった。あるいは、そこには仕上がりの良いLFAを前にして、年齢による衰えを部下に見せたくない、という意地もあったのかもしれない。

テストを終えてピットに戻ってくると、成瀬は顔を少し上気させて息を整えていた。

「成瀬さん、これならまだ数年は頑張れるね」

勝又が励ますように言うと、運転席に座ったまま成瀬はそれを無視して、

「なあ、このクルマ、おまえも乗ってみるか？」

と、言ったのだった。この言葉と満足げな表情に接して、勝又はここまで素直にクルマを褒める成瀬は初めてだと思ったのである。

「まだこれからテストを続けるんですよね？」

成瀬から試乗を進められることは滅多にないので心は動いたが、まだ完全に仕上がってはいない試作車に自分が乗り、貴重な時間を無駄にしてはならない。そう考え、勝又は申し出を断って助手席から降りた。

その後、成瀬は今回のテスト走行で感じた何かがあったのか、標準仕様のLFAで同じくノルドシュライフェを走り終えて戻ってきた飯田に、「これからアブソーバーの評価をする。俺はガレージに一度戻るからな」と声をかけた。

「僕は給油してから戻ります」

飯田が言うと、成瀬はLFAに乗ったまま一足先にピットを出ていった。

ドイツの郊外での制限速度は時速一〇〇キロメートルである。トヨタ・ガレージま

での丘陵地帯の一般道で、成瀬はクルマの感触を確かめながら走るつもりだったのだろう。

そして、それが彼らの見た成瀬の最後の姿となった。

27

二人が異変に気付いたのは、それからしばらく時間が経ったときだった。

飯田と勝又は現地採用のドイツ人スタッフと工具やタイヤを片づけた後、LFAに給油をしてガレージに戻るつもりだった。

ところが給油を始めてすぐ、ピットの信号が赤に変わり、コースがクローズドの状態になった。ニュルブルクリンクのレスキュー隊が飛び出していくのを見て、二人は

「あれ？　コースで大きめの事故が起きたのかな」と思った。

顔馴染みのトーヨータイヤの外国人スタッフが、彼らのもとに駆けつけてきた。

「君たちのクルマがぶつかっているらしいよ」

「ええ、どこで!?」

「トヨタ・ガレージの近くらしい」

そんな会話を交わした後、飯田はひとまず急いでガレージに戻った。すると、戻っているはずの成瀬のクルマがない――。

「もう一台、クルマ帰ってきてないの？」

飯田は常駐のスタッフに聞いた。

「いや、一度帰ってきて出て行ったんですよ」

同じくトーヨータイヤの日本人スタッフが慌ただしくガレージに飛び込んできた。

「飯田さん、クルマがこの先でぶつかっているんだけど、誰か来てくれませんか」

そう言われてなお、飯田はまだ事態が深刻だとは思っていなかったと言う。

「じゃあ、俺が行ってくるよ」

以下はそう言い残して事故現場に向かった彼の証言である。


――前日からこの日にかけて、成瀬さんはいつになく興奮していました。ニュルパッケージの初めてのテストで、「明日からが楽しみだ」と言っていたんです。ニュルからガレージに戻る道は、一般道の評価路として僕らが使っていた道で、クルマの感触を確かめながら走っていたんだと思います。

事故現場に着いたときは、言葉がなかった。クルマが正面衝突していて、しかも成瀬さんのクルマが反対車線にあったから。最初はいったい何が起きているのかが分かりませんでした。

すでに現場にはコースの管理者がいて、僕が近寄ると悲しそうな顔で「もう、ダメだ」と言うんです。とにかく一通りのことはやったけれど、手の施しようがないからポリスの来るのを待て、と。

「なんとかしてくれ」と何度も言ったんだけれど、彼は首を振るばかりでした。成瀬さんは運転席で息を引き取っていた。相手のBMW（紫色の3シリーズ）のドライバー二人もクルマに挟まれている状態で、とにかくその救出活動を僕は手伝いながら、他のメンバーが来るのを待ちました。二人をどうにかクルマから引きずり出したのですが、一人は足を複雑骨折、もう一人は内臓破裂で一時は危険な状況だったと後に聞きました。

そのうちにドクターヘリが来て、重傷を負っている二人をヘリに運びました。「うちの人間も連れて行ってくれないか」と言ったんだけれど、それもダメでした。警察も「もう亡くなっているから、外に出しちゃダメだ」と言うばかりで……。

現地に駆けつけてきたトヨタのスタッフも、どうしたらいいか分からない。「とにかく通訳と弁護士を早く呼んでくれ」という話をしているうちに、勝又さんがやって来たんです。午前十時過ぎに事故があって、警察の検分が終わった午後三時頃まで、僕はそこに立ち尽くしていました。それからの二日間は何をしていたのか、いまでも記憶が空白のままのような感じがします。

ああ、あれはちょうど株主総会の前日だったんですね。

僕はそのとき「これでLFAも終わりなのかな」と思っていました。開発を止めて帰って来いと言われるんだろうと連絡を待っていたんです。そうしたら、総会が終わった直後に社長が「とにかく続けてください」と判断したんだ。「いまいるメンバーでやれることをやって、帰って来てください」と言われて、残されたクルマでテストをしてから日本に帰ったんです。

……それは奇妙な事故だった。

なぜ成瀬のクルマがそのとき反対車線にいたのか。何かを避けようとしたのかも知れないが、警察の現場検証でもその理由は分からないままだった。

成瀬はハンドルに頭と胸を強打していた。彼が開発中の試作車で無謀な運転をすることはあり得ず、残された関係者のなかには「運転中に身体に何らかの不調が生じたのではないか」と考える者も多かった。彼らがそう思ったのは、成瀬が四点式のシートベルトを外した状態で車内に残されていたからだ。しかし、検死解剖が行なわれることなく遺体は日本に還されており、そのすべては憶測に過ぎなかった。

同じ年の秋、病院を退院したBMWのテストドライバーが、トヨタ・ガレージを訪れたことがあった。ちょうどその場に居合わせた飯田に、彼は「残念な事故だった」と言った。相手側には非のない事故だったが、その言葉には成瀬への敬意があり、その思いやりに飯田は感謝した。

現場は視界の悪い緩やかな右カーブで、避ける間もなく唐突に前からクルマが現れた、と彼は言った。

「僕らには何もすることができなかった」

勝又は事故現場に駆け付けたときのことを、いまでも痛々しい気持ちとともに思い起こす。

運転訓練のリーダーである成瀬は、よく言っていたものだった。

「おまえら、サーキットを走っているとき、どこでいちばん気をつけて走るべきか、どこが最も危険かを知っているか?」

「そりゃ、成瀬さん。コーナーでしょう」と言うと、成瀬は「勝さん、なに言ってるんだ。コーナーじゃないよ。ストレートなんだよ」と強い口調でたしなめた。

それは第七技術部時代、福澤や川合という優秀なドライバーを失った経験が、彼に言わせていたのかもしれない。

「ストレートはスピードも出るし、いちばん気が抜けるだろう。そんなときがいちばん危ねえんだ」

勝又はあの日、泣きながら思わず口にしていた。

「成瀬さん、やっぱりストレートじゃないだろう？」

28

二〇一〇年六月二十三日——アメリカでの公聴会から約四か月が過ぎた日。

豊田章男は翌日に開かれるトヨタ自動車の株主総会の準備を、深夜まで自宅で続けていた。

今度の株主総会は想像以上に緊迫したものになるだろう——と彼は思う。

社長に就任して以来、トヨタには次々と大きな問題が生じてきた。五十九年ぶりとなる赤字の計上、レクサスES350の死亡事故に端を発するフロアマット問題、急加速問題から広がった大規模なリコール……。二月にはアメリカ議会下院における監視・政府改革委員会の公聴会に出席したばかりだった。

株主総会は豊田市にある本社の本館大ホールで行なわれる。

ホールの収容数は千人程度だが、毎年約三千人の株主が訪れる一年の大きな節目だ。その壇上で初めて議長を務めることを想像すると、何とも言えない緊張感が胸に広がった。

それは社長就任から一年が経過したいま、自分自身の経営スタイルやものづくりへの思いを、いかに自分の言葉で伝えられるかという一つの試金石でもあった。品質問題や今後の経営方針について、彼は一つひとつの言葉を取捨選択し、メモに書き付けた。

胸には様々な思いがあった。

例えば、自分は周囲の人々が喜ぶような決断をあまりしてこなかった、という思いがある。特に就任直後の前年八月、ゼネラルモーターズ（GM）との合弁会社ニュー・ユナイテッド・モーター・マニュファクチャリング（NUMMI）からの撤退を決めたことは、社長になった直後に下した大きな決断だった。これは経営破綻して再建中のGMの撤退による合弁解消を受けたもので、単独での事業継続を諦めた上での決定だった。

NUMMIは一九八三年、閉鎖したGMのカリフォルニアの工場に「かんばん方式」を導入し、日米自動車摩擦の緩和を狙うとともに当時の会長・豊田英二が設立した会社だった。年産二十万台を目標とした同工場はトヨタの海外進出における礎の一つであり、GMのシボレー・ノバの量産が始まった後には、カローラFXを振り出しにトヨタ車が生産された。

豊田はこの合弁会社からの撤退を決める際、九十六歳だった豊田英二のもとを訪ねた。毎日新聞（中部朝刊六月二十四日付）によれば、英二は調印式のときに使ったペンを傍らに置いていた。それを指して「お前が社長だ。任せた」と言ったという。

同記事には閉鎖を発表した後、工場の従業員が設備を磨き上げている様子を見て、涙ぐむ豊田の姿が目撃談として紹介されている。翌年四月に電気自動車メーカーのテスラ・モーターズからの打診があり、トヨタは同社と資本提携してこの工場でテスラの生産が引き続き行なわれることが決まるのだが、そこにはNUMMIの雇用を守りたいという豊田の思惑も背景にあった。

こうした一連の決定を下すなかで、豊田は「最終的な決断でどれだけの人の顔を思い浮かべることができるか。それが経営者にとって重要な資質なんだ」という思いを強くしたと話す。

「工場をともにやってきた人たちがいる。そこにかかわる仕入れ先や関連会社がある。進むも地獄、引くも地獄。しかし、何もしないことは将来に痛みを押し付けるただの先延ばしに過ぎない。その痛みや悲しみを敢えていま背負いこんで、後に良かったと言ってもらえる仕事をすること。それが現役の役割なんだ」

そして、彼にはそうした選択を恐れずに行なうことこそが、自らにまとわりつく「創業家」の役割であるという考えがいまではあった。「結果をいまに求めない。次の世代が成果をとればいい。そんな思いで働けるのは創業家だけだ。それこそが豊田家が誇るべき伝統だ」というように。〈トヨタの歴史上、ゲンバで最も行動的な社長となる〉（『トヨタ　危機の教訓』稲垣公夫訳）

就任直後にこう語った彼には、例えば同書の著者の一人であるジェフリー・K・ライカーのような外国人研究者やジャーナリストに対して、好んで語る祖父・喜一郎にまつわるエピソードがあった。

トヨタ鞍《くる》ヶ《が》池《いけ》記念館に精巧なミニチュアとして再現されているそのシーンは、クルマを運転中の喜一郎が道中で故障したトヨタ製トラックを見つけたところから始まる。そのとき、喜一郎はクルマを止め、トラックの車台の下に自ら入った。そして修理を手伝って会社に戻ると、早速技術者たちに故障の話をして原因を究明するよう指示したという。

ライカーは同書のなかでこの話を聞いた感想を、〈話の要点は、役員が車の下に潜って修理したり、戻りにくいペダルを取り替えるべきであるということではない〉と前置きしたうえで、〈トヨタの社員ならどのレベルでも、過失や欠陥を見つけたら自分の問題として受け止め、根本原因を発見し、対策をとることに全力を尽くせということだ。顧客に影響する問題は、決して「誰か他人の問題」ではないのだ〉と書いている。

豊田章男にとって祖父のこのような姿は、「創業家」である自身が拠って立つ重要な精神に他ならなかった。

あるいは——。

目を瞑ってみれば、四か月前の公聴会で浴びた何百というカメラのフラッシュの光もまた、昨日のことのように思い出された。あの日、豊田は直前に現地の販売店を訪問し、迎えてくれたスタッフたちの写真を自分の携帯電話で撮影した。彼はその写真を胸に忍ばせ、凄まじい緊張感を抱きながら公聴会に出席して証言をしたのだった。

会社の存亡の危機にもかかわらず、日本での記者会見ですらも止める声が多く、アメリカで直接説明をすることには社内やOBからも難色を示された。では、一方でトヨタ自動車のために体を張って現場に飛び込み、事態を収拾しようとした経営陣がいたかといえば、そのような人物はいなかった。

後に豊田は親しい記者に〈あの時は僕をつぶすのが目的だとも思った。どうせなら、会社を守って、ずばっと死んだるわ、という感覚だった〉（毎日新聞）と語っている。

それほどまでに彼は孤独感を抱いていたのだ。

だが、公聴会を終えた後のミーティングでは、現地の販売店のスタッフが彼を迎えた。彼らの顔を見たとき、豊田はこみ上げる涙を押しとどめることができなかった。

自分は決して孤独ではないのだ——。

その気持ちはNUMMIの廃止を決定してから、工場の機器をそれでも丁寧に磨き上げる工員たちの姿を見たときとも似ていた……。


ふと時計を見ると午前一時になろうとしていた。

少し準備に時間をかけすぎたかもしれない、と彼は思う。

通常、豊田は豊田市の自宅に滞在しているとき、朝六時には目覚めるようにしている。家族や父親の章一郎と朝食をとり、迎えにきたアルファードかヴェルファイアで家を出るのはだいたい七時半頃だ。送り迎えにミニバンを使用しているのは、車内で着替えや仕事の準備をすることがあるからだった。

あの公聴会を終えて以来、トヨタ担当の新聞記者の朝回りを受け付けていた。

誰かが来ていれば警備員が来訪者の名前を事前に伝えてくるため、七時からの三十分ほどで取材対応をしなければならない。

豊田はこうした記者との時間を、いつしか大切にするようになっていた。その場では新車種の発売時期や価格といった時事的な話題については語らないが、社の将来的な方針や経営の考え方、その背景については時間を割いてでも説明しようと心がけていた。それがいずれ自社について書かれる記事に、深みを与えていくことを期待していた。

そろそろ寝ておかないとな、と彼は思った。

そうして次に目を覚ましたとき、携帯電話を確認すると時刻は午前四時を少し過ぎていた。小さな画面にはメールの着信があり、送信先には秘書の名前があった。株主総会の準備に熱中していて気付かなかったが、メールは深夜十二時過ぎに届いたものだった。

そこで彼は、ドイツで成瀬弘が亡くなったことを知った。

「これまで準備していた総会のことが、ぜんぶ頭から消えてしまうような衝撃でした。でも、総会が始まるまでに時間がなく、僕はとにかく会社へ行く準備をしなければならなかった。それで七時くらいになって家を出たんです。いまはこのことを考えてはいけない、と自分に何度も言い聞かせたけれど、人間ね、そんな器用なことはできないんだ」

その日の株主総会は予想通り、リコール問題についての質問が相次ぐ厳しいものとなった。

「嵐のなかの船出でした」

そう語った彼はアメリカでの問題について陳謝した。そして公聴会後のミーティングで流した涙について「うるうるせずに堂々と世界の企業のトップとして振る舞ってほしい」と株主から意見が出されると、「今後、『うるうる』しないように努めさせていただきます。しかし、実はあの涙が嬉し涙であったことはご理解たまわりたいと思います」と答えた。

それから続けたのは、辞任する覚悟も決めて公聴会に臨んだ当時の思いだった。

「アメリカでは二千万人のお客様、販売店、仕入れ先、多くの方々に支えていただいております。私はそうした方々に直接語りかけるチャンスをもらったと思っておりました。ただ、やはり大変なプレッシャーでありましたし、大変な悩ましい出来事だったと思います。

そのなかで、時代がかっていますが、私は負け戦のしんがり役を務めさせていただいたと思っております。それは私にとって光栄なことでした。まさかこの立場を担保して戻って来られるとも考えておりませんでした。それでも毎日、明るく、一日一日必ず笑うことを仕事としてきたなかで、販売店さん、仕入れ先、私どもの従業員から激励を受けましたときに、ちょっと『うるうる』してしまいました。今後はそういうときも気丈にできるよう、精進してまいります」

豊田が話し終えると、会場からは拍手が起こった。そんな株主総会の様子からは、朝に成瀬弘の死を知った動揺はまったくみられなかった。彼は「自分の言葉」で質問に答えようとしていたし、初めての議長という仕事を一つひとつ確実に進めようとしていた。

だが、心は千々に乱れていた。

いまは考えないようにしよう、目の前の総会に集中するんだ。そう思えば思うほど、成瀬との日々が胸に甦ってくるのを止められなかった。

「運転訓練をしているとき、そして、ニュルを走っているとき、僕はいつも成瀬さんの後ろを走っていた。怖い、怖い、と思いながら」

でも――と彼は言う。

そうして走り続けるうちに、あるときクルマから何かを感じるようになった。道から伝わってくる反応を感じ、クルマと自分が対話を重ねているような感覚があった。

「そう、ニュルを走っているとき、僕はいつも怖かった。この一周を自分は安全に帰ってこられるのか、といつも思っていた。それでも僕が走れたのは、成瀬さんが前を走っていてくれるからだった。彼がいたから、目の前のことだけに集中することができたんだ」

彼にとって成瀬と過ごした日々はこの十年間であまりに濃密な体験であり、いままさに経営者となった自分の原点だった。

その成瀬がいなくなったという事実を、彼は受け止められなかった。前を走ってくれる成瀬の存在なしに、一人で走り続ける自分の姿がうまく想像できなかった。そして、その恐怖とも戸惑いともつかぬ思いを抱えたまま、彼は最初の株主総会を終えた。

成瀬弘が亡くなった六月二十三日は、前年に豊田が社長に就任した日付と全く同じだった。彼は社長となった豊田の激動の一年を、まるで見届けたかのようにこの世を去った。

成瀬の遺体は次男の久史が現地で引き取り、株主総会から六日後の六月三十日、豊田市のメグリアセレモニー前山ホールで葬儀が行なわれた。父親の章一郎とともに列席した豊田は、そこで声を詰まらせながら弔辞を読んだ。

29

思い起こせば、成瀬さんと親しくお付き合いさせていただいたのはこの十年余りでしたが、私にとっては二十年、三十年より深い濃密な年月でした。成瀬さんと私の関係は、単なる上司・部下といった間柄ではなく、ときには親父と息子、ときには師匠と弟子、ときには幼い頃からの親友、そしてそのどれもが、お互い大好きなクルマを介しての付き合いでした。私にとって、成瀬さんとの関係は「かけがえのない宝物」として、この先もずっと続くものと思っておりました。いや、そんなことすら考えることができないくらいに成瀬さんの存在は私の人生の一部を占めていたと言えます。

それが、六月二十四日の早朝、あまりにも突然の訃報に接し、私は言葉を失いました。ただただ呆然とするしかなく、同時にやり場のない、深い悲しみに包まれました。

最初に成瀬さんに出会ったのは、私がアメリカ赴任中に、アリゾナのテストコースで社内の上級運転資格を取得して、日本に帰ってきたときでした。そのときの成瀬さんの衝撃的な言葉はいまでも耳に残っています。「あなたみたいな立場の人が、運転の基本も分かってないのに、ちょっとクルマに乗っただけで、ああだこうだと言われるのは迷惑だ！」。「私ら、テストドライバーはいいクルマをつくるために命がけでテストしているんだ！ そのことだけは、理解しておいてほしい」

それからでした。私も単なるクルマ好きではなく、「クルマを正しく評価できる人間になりたい」と思い、成瀬さんのチームに交じってトレーニングを始めました。ヤマハさんのテストコースでは、スープラで、数え切れないぐらい走りました。

私の技量が向上してきた二〇〇三年、成瀬さんは「クルマをもっと知りたいのなら、ニュルブルクリンク二四時間レースに参戦してみないか？」と誘ってくれました。レース？　しかもニュルで？　成瀬さんの真意を、心の底から理解できたのは、二〇〇七年にアルテッツァで初挑戦し、完走を果たした後でした。

成瀬さんが私たちに教えたかったことはレースの順位や戦い方ではありませんでした。クルマ文化をつくっていくこと。そのためには「味のあるクルマ、クルマの味づくり」が大切だということ。そして、それを実現するための人材育成をしっかりやるということでした。

だから、どこにもお願いせずに、トヨタの社員だけで「ガズーレーシング」を立ち上げ、成瀬さんの力を借りて、ひとつずつ、手づくりで準備していきました。

世界一過酷なサーキットと言われるニュルで、ライバルたちと一緒になって二四時間走るということは、テストコースを三年間走り込むことよりもはるかに多くの課題を私たちに突きつけてきました。私たちは、その課題を何とか乗り越えようといつも全員で必死に取り組みました。

成瀬さんは「クルマは道がつくる」ということも教えてくれました。どんな道でもドライバーが気持ちよく走れるクルマをつくらないといけない。ニュルが「クルマを鍛える、人を育てる」のにうってつけの場所だということを世界中の自動車関係者から「ニュル・マイスター」と呼ばれる成瀬さんは分かっていたのです。

レクサスLFAはトヨタにとっての「式年遷宮《しきねんせんぐう》」だと思います。伊勢神宮は、二十年に一度、お社《やしろ》を引っ越しすることで技術や技能の伝承を行なっています。一九六七年、トヨタは2000GTや1600GTなど多くのスポーツモデルを送り出しましたが、そのときの若手メカニックのひとりが成瀬さんでした。それから四十年、成瀬さんは「棟梁《とうりょう》」となって、若いメンバーに一所懸命、技術と技能の伝承を現地現物で行なってくれました。

トヨタの社内全体の人材育成が遅れてきたと反省するなか、成瀬さんは、先頭に立って、全身全霊をこめて、後輩の育成に努めてこられました。「厳しいけど、温かい」、「怒ると怖いけど、優しさを忘れない」。そんな成瀬さんの人柄は、東京オートサロンなどでのイベントでも垣間見えました。熱いトークをする傍らで、来場されたファンやお子さんたちには、気さくに話しかけたり、写真やサインにも「僕なんかでいいの?」と言いながら、笑顔で応えていました。

でも私は知っています。成瀬さんの、クルマに乗っているときの顔、後輩を教えているときの顔、監督のときの顔、いちばん輝いているのは、やはり「クルマに乗っているときの顔」だということを。

成瀬さんの最後のLFA評価を後日、伺いました。「いままで乗っていたLFAで、いちばんいいバランスだ」。「求めていたのはこれだ！　という感じ。トヨタでもできるじゃないか！」。「これならどこの道でも、どんなクルマにも勝てる。長いあいだやってきた甲斐があったなあ」。「これまでやってきたことをクルマは絶対に裏切らないぞ」

決してクルマに合格点を出さない成瀬さんが、満面の笑みで、最後に合格点をくれたのでしょうか？　成瀬さんからお褒めの言葉をいただいたことは開発チームにとって最高の勲章でした。

成瀬さんとの走り。成瀬さんとの語らい。「これからの世代にクルマの楽しさを伝えたい」という情熱は、私の行動の、私の言動の、これからも変わらぬ糧となっています。

成瀬さんの「いいクルマづくりに終わりはない」という言葉。成瀬さんの思いを、成瀬さんがつけてくれた道筋を、残された私たちが、しっかりと引き継ぎ、確かなものにしていきます。もっといいクルマをつくります。

成瀬さん、長いあいだ、本当にありがとうございました。どうぞ安らかにお眠りください。

そして、いつまでも私たちを天国から見守っていてください。

平成二十二年六月三十日

トヨタ自動車株式会社

取締役社長

そして、成瀬さんのチームの一《いち》テストドライバー

豊田　章男

30

——トヨタ自動車の社長である男が涙を流しながら、自らの「師」であったという父親への思いを語っている。

成瀬弘の次男・久史は父親の死の知らせを受けたとき、勤務する会社の仕事でオー

ストラリアに駐在していた。電話で母親の保江から一報を聞いた瞬間、彼はそれをどう受け止めればいいのかがよく分からなかった。

一度、日本に帰って母に会った後、ドイツに遺体を引き取りに向かった。そのとき胸に生じたのは、ただただ「これで終わったんだな」という思いだった。

厳格過ぎる父親だった。兄の弘司や自分の意見に耳を傾けたことは一度もなく、抑圧的で、自分の思い通りにならないと途端に不機嫌になる人だった。自分たち兄弟はそんな父親と分かりあえる関係を築くのは不可能だと感じ、大学への進学や就職後はほとんど実家に寄りつかなかった。

だから、十八歳で実家を出た自分の記憶のなかに生きる父と、「豊田章男の師匠」と呼ばれる「トヨタの成瀬弘」は、全く別人のような気さえした。例えば、父親はトークショーでクルマについて話をしていたという。家では何も喋らないあの人が本当にそんなことをしていたのか、といまでも信じがたいのだ。

ただ、彼も彼なりに父親らしい振る舞いを、全くしようとしなかったわけではないのかもしれない。長男の弘司の思い出にも残っていたように、久史の胸にも幼い頃に富士スピードウェイへ連れて行ってもらった記憶がおぼろげながらあった。

レース自体がどんなものだったかは覚えていないが、つなぎを着た大人たちが忙しなく作業を続けるピットに入れてもらうと、そこにはオイルの焼けるあの何とも言えない匂いが漂っていた。

大人になってF1グランプリが流行した頃、鈴鹿サーキットにレースを観戦しに行ったことがある。騒々しい音を立ててマシンがひっきりなしに通り過ぎていくとき、「ああ、そういえば昔、この匂いを嗅いだな……」と思ったものだった。

また、大学生になって運転免許を取得した頃、父親に「運転を教えてやる」と言われ、豊田市郊外の峠道を一緒に走ったときのことだ。発売されたばかりのスポーツカー・MR2を会社から持ってきた父親は、「乗るか?」と素っ気なく聞いてきた。

クルマの運転の仕方を息子に指南しようとする父親はよく喋った。

「前ばかり見て運転するんじゃない。もっといろんな情報を風景から読み取るんだ」

「ハンドルを切るのが遅いぞ」

「お前にはセンスがないなァ」

自動車教習所の教官のように指示を出す態度には反感を覚えたものの、そのアドバイスは素人目にも的確で、久史は父親の違う一面を見た気がした。さらに助手席に乗って運転に身を任せると、クルマの挙動のスムーズさには見事なものがあった。

「このおっさん、本当はすごいんだな」と感じた。

その後も親子関係は希薄なままだったが、いずれ歳を取って仕事を引退するとき、クルマとかかわらなくなった父親はどうなるんだろう、と思うことがあった。趣味もないような人だ。何をして生きていくのだろうか、と素朴に心配になったのだ。

実は久史は父親のような技術職ではないが、同じ自動車関連のメーカーで働いている。長い人生のあいだには、仕事に没頭しなければならない時期が必ずある、と彼は思う。立場も責任もある四十代の会社員となったいま、父親のことを少しは理解できるようになってきたのかもしれない。

久史は父親の葬儀のとき、自分は決して泣かないだろう、と思っていた。いや、絶対に泣かないつもりでいた、というのが本音だった。

だが、豊田章男が弔辞を読み始めると、周囲からは多くの人たちの嗚咽する声が聞こえてきた。父親と親交のあったレーシングチームのスタッフやドライバーたちが、みな一様に涙をこらえているのだった。

声を詰まらせながら話を続ける豊田を見て、久史は「二人は本当に師弟の関係だったんだな……」と実感した。そして、彼らにつられるようにして、いつの間にか泣いている自分に気づいた。そのあとは涙をこらえるのに必死で、彼は豊田の読み上げる弔辞を最後まで聞くことができなかった。

31

それから六年という歳月が流れ、豊田章男は世界最大の自動車メーカーの社長であり続けている。

私が東京・飯田橋にあるトヨタの東京本社を訪れたのは、彼にとって八度目となるニュルブルクリンク二四時間レースが、一か月後に迫った二〇一五年五月の暖かい日だった。

水道橋駅から徒歩五分ほどの場所にある東京本社は、裏手に緑豊かな後楽園が見晴らせる十九階建てのビルだ。豊田が東京で執務を行なうその社長室に、私は取材を通して初めて訪れた。

彼の部屋には事前に聞いていた通り、ガズーレーシングの写真やニュルブルクリンクでの活動の記念品が年ごとに陳列されていた。

ＬＦＡや二〇一二年に発売された「トヨタ ８６」のミニカー。部屋のかなり大きな一面に陳列されたその品の数々は、彼の内面のかなり大きな部分が自身のレース活動の歴史に彩られていることを想像させた。そこはまるでレースファンの少年の部屋のようで、年間二十七兆円超もの売り上げを叩き出すグローバル企業の社長の執務室とは思えないものがあった。

そして、そのなかの最も目立つ場所に置かれているのが、彼と成瀬弘のツーショット写真だった。二人は師匠と弟子というよりは、同じ世界を共有してきた盟友のように肩を寄せ合い、お互いを自慢するような笑顔で写真に収まっていた。

奥にあるデスクにいた豊田は、ワイシャツの上から灰色の作業用ジャンパーを着ていた。様々な開発施設がある豊田市ならともかく、デスクワークを中心とした部署ばかりの東京本社である。周囲をスーツ姿の秘書や広報部員が取り巻くなかで、彼一人が作業服を着ているのにはちょっとした違和感があった。だが、それは常に現場を重視し続けようとしてきた豊田の、「中小企業の親父のようでありたい」というスタイルなのかもしれない。

私が豊田から直接、成瀬について話を聞くのはこれが三度目だった。

最初は五年前にドイツ・ニュルブルクリンクのピットで、二度目は三年前に富士スピードウェイの仮設テントで。

当時、成瀬について語る豊田は、いまだその死を受け止めきれずにいた。だが、この日、彼はそれまでの二度のインタビューとは異なり、成瀬弘の死が自らにとってどのような意味を持つのかを、自分の言葉で語るようになっていた。

「LFAの開発をしながら、成瀬さんはクルマを最後に褒めたんだよな。あの成瀬さんが……。いいクルマになったなと褒めて、その帰りだった。褒めた瞬間に安心しちゃったのかもしれない、と僕は思いました。ただ、ある面で彼は生涯現役でね。自分がいちばん好きだったニュルという場所、そして自分があそこまで魂を込めたLFAのなかで、この世を去ったということになるんだよね」

長野県茅野市の蓼科《たてしな》高原に、トヨタが交通安全の祈願のために建立した聖光寺という寺院がある。トヨタ自動車販売の社長で「販売の神様」と呼ばれた神谷正太郎が発願し、一九七〇年に建てられたものだ。トヨタはそこで毎年、名誉会長である豊田章一郎以下、役員が一堂に会して事故ゼロの祈願をする行事を開いている。

豊田はこの寺院で成瀬のための読経を住職に頼んだ。それから供養の意味を込めて、彼の乗っていたLFAの部品を砕き、小豆と合わせてヤマハの袋井や東富士研究所、本社や士別といった自社のテストコースなどのゆかりの土地に埋めたという。

同じようにニュルブルクリンクには、トヨタ・ガレージから少し離れた事故現場の傍に、二本の桜の若木が植えられた。

一本は日本の枝垂れ桜で、もう一本はドイツの桜だ。

植樹をするということは、その場所を管理し続けなければならないということである。ニュルブルクリンクにトヨタが行き続ける保証はあるのか、という声が社内にはあった。

だが、むしろあの桜がある限り自分たちはあの場所を訪れ続けるのだ、と豊田は思った。以来、彼はニュルブルクリンクを訪れる度に、二本の桜の前で成瀬に様々なことを報告するようになった。

そして、「あれから五年が経って思うのは、これは、なんていうか、変な表現になっちゃうんだけれど」と、彼は少し寂しそうな笑みを浮かべて言った。

「成瀬さんは亡くなったのではなく、本当に自分のなかに入ったんだというのかな。そんなふうにやっと思えるようになってきたんだ」

成瀬弘の死後、豊田は「ガズーレーシング」の活動において、成瀬が果たしていた役割を代わりに担わなければならなかった。「チームにおける親父みたいな存在が急にいなくなっちゃったんだから」。少なくともそう思い、大きな責任を感じてきたのだった。

だが、その役割は彼にとって手に余るものだった。

「ずっとその道を歩んで来た実力のある人が急にいなくなって、途中からぽんと入って来た単なる一人の生徒が、同じ立場でみんなを引っ張っていく。そのプレッシャーは大変なものでした。成瀬さんの代わりをするということは、クルマの最後のフィルターである料理長になるということです。これまでは成瀬さんの顔色を見て、ちょっと言いたいことを言っていただけの僕が、その役割を担うなんて……」

最初は新型車のテストをして、自分なりの意見を言う度にこう思っていた。これで本当にいいのだろうか、成瀬さんならどう言うだろうか、と。

豊田はモーターショーや走行会など様々なイベントで、レーシングスーツに身を包み、クルマの楽しさを自ら進んで表現しようとしてきた。トークショーやスピーチに立ち、多くの記者会見の場でも繰り返し語ってきた言葉は、いずれ「もっといいクルマづくり」という現在のトヨタのキャッチフレーズとなった。

そんなある日、ふと気づいたのだと彼は続けた。

それはNチームに入ったばかりの若手社員が、ちょっとした事故をテストコース内で起こしたときのことだ。彼はメンバーたちをかなりの権幕で叱りつけていた。

「おまえらはプロだろう！　こういうことを起こすな！」

それは成瀬さんの声だった、と豊田は言う。そして、成瀬と同じ口調でテストドライバーの心得を説きながら、彼はそのいくつもの言葉が自分の教わったものばかりであることに気づいた。

「本当にいいクルマをつくれとね、彼が私の体を利用してやってくれているんじゃないかな。そんなふうに思えるようになったんだ。いろんな場所でクルマについて喋っていると、ああ、これは成瀬さんが言っていたことだ、成瀬さんが僕に言わせていることだと感じる。そのときにね、それならもう、成瀬さんだったらどうするのか、と考えなくてもいいんじゃないかと僕は思った。僕らは一緒にいるんだから、自分の感じたことを素直に口に出して行動していけばいいんだよな、って」

そして、彼は重ねて思うのだ。

運転訓練でテストコースを走っているとき、最終コーナーを立ち上がってホームストレートを加速していくと、ピットの前に立つ成瀬の姿が必ず見えた。雨の日の東富士研究所のテストコースでも、零下一〇度近い冬の士別テストコースでも、そしてニュルブルクリンクでも成瀬はピットに立ち、自分が無事に周回を重ねて戻ってくるのを見つめていた。

その横を一気に走り抜けるとき、いつも彼の声が聞こえてくる気がした。

「おい、章男さん、そんなに上手くなりすぎるなよ。あまり運転が上達し過ぎると、クルマの良し悪しがかえって分からなくなるからな」

思えば、それはいまでも同じだった。

豊田章男はいまもテストコースを走るとき、やはりピットには赤いレーシングスーツを着た成瀬弘がいて、目の前を駆け抜けていく自分を確かに見守っているように感じていた。

あとがき

私が成瀬弘という一人のテストドライバーに興味を抱いたのは、既に述べたように、彼の死亡事故を報じた新聞記事を読んだことがきっかけだった。

「臨時工」としてトヨタ自動車に入社し、豊田章男の「師匠」と呼ばれた男。遠いドイツの地でレクサスのフラッグシップとなるスーパーカーを開発する、六十歳をとうに過ぎたテストドライバー――。

トヨタという巨大企業にそのような人物がいることも意外だったし、テストドライバーという仕事にも関心を持った。

取材を始めて以来、私は一つの大企業のなかで独特のキャリアを築いていく彼の生涯に、時間が経つにつれて惹きつけられていった。また、本書の完成までに五年という歳月をかけるうち、豊田章男という世界最大の自動車メーカーの社長の行動や言動の多くに、成瀬の強い影響を感じるようになった。

二〇一六年現在、トヨタはグループ全体で世界一位の販売台数を四年連続で守り、自動車メーカーとしてのその地位をより確固たるものにしつつある。

だが、本書の取材を始めた二〇一〇年から翌年にかけての同社は、いまからは想像もできないほどの未曽有の危機の渦中にあった。

リーマン・ショック以後の経営不振による五十九年ぶりの赤字転落、アメリカでのレクサスの暴走事故を発端とした一連の品質問題……。豊田はアメリカ議会下院での公聴会に引きずり出され、翌年には東日本大震災やタイの大洪水の対応にも追われた。社長就任から立て続けに様々な試練に見舞われた彼を見つめるメディアの目は厳しく、こだわり続けてきたレース活動についても社内外から批判的な声が高まっていた。

それは二〇〇八年にゼネラルモーターズを抜いた矢先の躓《つまず》きだった。

自動車メーカーの一つの頂点に立とうとしたまさにそのとき、これまで燻《くすぶ》っていた社内の構造的な課題が一気に噴出するように、足元をすくわれていったかに見える当時のトヨタ。その姿はこの本を書いている最中に発覚した排ガス不正問題で、自動車史上でも最大級となる激震に見舞われている現在のフォルクスワーゲンの姿とも重なるだろう。

フォルクスワーゲンの不正は意図的なものであり、同社と当時のトヨタを同列に語ることはもちろんできない。しかし、販売台数や業績という「数字」を過剰に追い求めるなかでものづくりの基本的な精神が蝕まれ、「現場」が追い込まれていくという構造には、様々な共通点があるのも事実に違いない。

なぜあのときの豊田はそうした状況から、現在のトヨタ復活劇の立役者となることができたのだろうか。長い時間をかけて築き上げた信頼が一瞬にして崩れ去る様子を、当事者として間近に見ることで、彼は多くを学んだ経営者となったわけだが、では、彼はそのなかで何に支えられてきたのか。

会社の危機を引き受けた豊田は公聴会に臨む際、自らの「社会的な死」を覚悟してアメリカに向かったと語っている。半分は男気のようにさえ感じられるその姿勢の背景に成瀬弘の存在があったことは、本書をお読みくださった方々に伝わっていることと思う。

フォルクスワーゲンの不正問題によって、トヨタは二〇一五年の販売台数世界一の座を揺るぎないものとした。

しかし、自動車の開発競争やシェア争いは常に熾烈だ。自動運転技術や環境技術は急速に進歩しており、グーグルやテスラモーターズなどの登場も相まって、自動車業界は大きな曲がり角を迎えている。

そのなかでトヨタが現在の座を守り続けられるかどうか、また、豊田章男が経営者として後世にどのような評価を受けるのかは分からない。

ただ、その評価がどのようなものであれ、豊田とこの時代のトヨタ自動車が語られるとき、同時に語られるべき男がいる。それが彼の師匠と呼ばれた成瀬弘である。私が本書で描きたかったのはその一点だったと言ってもいい。

「もっといいクルマづくり」という現在のトヨタの基本姿勢となっている、素朴でシンプルなメッセージがある。それが豊田の口から繰り返し語られるとき、彼の胸にはいつも成瀬に教え込まれたクルマへの思いがある。

巨大企業のなかである立場を得るためには、様々な障害を乗り越えていかなければならない。将来を嘱望された人間も、一つのミスや風向きひとつで、望むキャリアを得られないこともある。

だが、成瀬は自動車会社の本分であるクルマづくりへの思いを変わらずに持ち続け、クルマへのその思いを語り続けることによって、豊田家をひきつけ、豊田章男を引き寄せ、LFAというスーパーカーの開発ドライバーの座を引き寄せた。

成瀬の生涯を追いながら、一人の男のクルマに対する一途な思いが、その人のキャリアそのものをそのように切り拓いていったという事実に私は胸打たれ、ときにそれを希望だと感じた。

本書の取材・執筆では多くの方々の協力を得た。

まず、遺族である成瀬保江さん、長男の弘司さん、次男の久史さんに感謝したい。

トヨタ関係者への取材については、同社の藤井英樹さん、本吉由里香さん、北川文雄さんにお世話になった。ニュルブルクリンクでの取材に同行してもらったプロドライバーの木村正治さんには、現地での自動車開発やコースの持つ意味について、基本的なことから多くの解説をいただいた。

『CARトップ』編集長の城市邦夫さんには、貴重なインタビュー・データの提供を受けた。それによって私は故・成瀬弘のクルマづくりに対する価値観を、彼自身の肉声によって知ることができた。

そして、本書の担当編集者である小学館の柏原航輔さんには、取材・執筆について多くの助言と協力をいただいた。ここに記して感謝します。

二〇一六年二月　稲泉 連

文庫版あとがき

本書の単行本版が出版されてから、三か月ほどが経った二〇一六年五月末。私はある雑誌の取材で五年ぶりにニュルブルクリンクを訪れた。それは事故現場に二本の桜が植えられたモニュメントの前で、成瀬弘にこの本の完成を報告することも目的の一つである旅だった。

当時と比べても二四時間レースは大規模な商業的イベントの雰囲気が強くなり、各メーカーが優勝を争うその様子は、かつての〝草レース〟の趣《おもむき》をさらに失わせていたかもしれない。しかし、一方で本書の取材を続けてきた私にとって印象的だったのは、その場にいる豊田章男のサーキットを走るという行為が、五年前よりもずっと当然のように周囲から受け止められていることだった。

その日、ニュルブルクリンクの空が東から夕闇に溶けつつある時間帯、豊田章男はトヨタのピットに現れた。太陽が沈むに連れて空に立ち込める雲が厚くなり、徐々に降り出した雨が広大な森の中にあるコースの一部を濡らし始めていた。翌日に耐久レースの決勝を控え、予選アタックを繰り返すクルマのヘッドライトの光が、まだかろうじて乾いている路面の上を川の流れのように過ぎ去っていく。

そんななか、「TOYOTA GAZOO Racing」のステッカーが貼られたレクサスRCに乗り込んだ豊田は、それなりのペースでノルドシュライフェを二周した。そして、再びピットに戻ってくると、取り囲んだ自動車メディアや新聞社の記者に向けて、「シートが熱いね。シートヒーターが付いているんじゃないかと思ったよ」と冗談を飛ばした。その表情にはサーキットやモーターショーで彼がよく見せる悪戯《いたずら》っぽい笑みがあった。

翌日、あの二本の桜の前で膝をついて成瀬に祈りを捧げた後、豊田はしみじみとした調子でこう言っていた。

「昨日はピットを訪れるまで、本当は走るつもりなんてなかったんだ」

レーシングスーツを着たのは、トヨタ社員で構成されるガズーレーシングの面々を驚かそうと思ったからだという。しかし、現地のメカニックたちは彼が「走るつもり」であることを、自明のことに受け止めて準備を始めたのだった。

「だから、走らざるを得なかった。その雰囲気を肌で感じながら、僕はすごいことが始まっているんだと思ったよ。二〇〇七年のときは社内に味方なんていなかったし、ニュルでの活動だって一年やって終わりだと思っていた。それが十年後のいま、こんな雰囲気が作り上げられているんだから」

それに——と彼は続けた。

「ガズーレーシングというのは、成瀬さんという一人のオヤジを囲んだ小さなチームだったでしょ？　いま僕は六十歳になって、今度は自分がみんなから『オヤジ』と呼ばれる立場になってきている。右も左も分からないレースの世界に来たとき、かつての自分が成瀬さんがいたから安心できたように、今度は自分がみんなを安心させるように振る舞わなければならない。そのことを実感したよ」

この日の朝、豊田はホテルで目を覚ましたとき、前日の予選レースでの出来事を思い出し、あることに気付いたと話した。彼は二年前に成瀬とともに歩んだ「ガズー」の名の下に、自社のモータースポーツ活動を統合していた。以来、「GAZOO Racing」は「TOYOTA GAZOO Racing」と名前を変え、ル・マン二四時間レースを含むWECやWRC、国内最高峰のスーパーGTシリーズなどを担う重要な部門となった。

「要するに僕は昨日、（LEXUSではなく）初めて『TOYOTA』という名前を付けたクルマで、ニュルを走ったことになるんだ。気づいたときは、ちょっと何とも言えない興奮を感じた。ニュルでの活動を続けてきて、自分はやっと『トヨタのクルマ』

に乗せてもらえたと思うと、なんだか泣けてきたよね」

そう語る豊田は二本の桜を見つめて再び目を細めた。そして、「それを今日、成瀬さんに報告したかったんだ」と言った。


それからさらに五年近くが経ち、本書の文庫版に向けて文章を書いているいま、私は豊田にとって「成瀬弘」の存在が経営者としての姿勢により血肉化され、彼の経営スタイルの一つの根拠になっていると感じている。

二〇一九年、豊田は成瀬とともに運転訓練をしてきた「スープラ」を十七年ぶりに復活させた。そのとき、彼は思い入れの深いそのスポーツカーについて、当時のニュルでの運転訓練で「中古車を走らせていた悔しさ」を感じたというエピソードを、様々な媒体へのインタビューであらためて語っていた。また、翌年には「トヨタのスポーツカーを取り戻したい」というメッセージとともに、WRCに参戦してきた技術を活かした「GRヤリス」を発売するなど、成瀬の遺志を感じさせる商品を立て続けに市場に投入している。

だが、何より成瀬の影響を強く感じさせるのは、やはり記者会見で発せられる豊田の言葉だろう。例えば、新型コロナウイルスの影響で世界的なロックダウンが行なわれた二〇二〇年、業績予想を上方修正した中間決算で彼は次のように語っていた。

「資金面や収益構造が強くなったこともあるが、一番はトヨタで働く人が強くなったことだ」

豊田は成瀬とともに歩んだガズーレーシングの活動を、『もっといいクルマづくり』や『人づくり』という表現で説明し続けてきた。ニュルブルクリンクでのレースを体験した若い社員は今後、五年、十年という時間のなかで社内に根を伸ばし、クルマづくりの中心に携わっていく。ガズーでの取り組みとは、そのような「現場」での体験を社内に浸透させ、トヨタのクルマづくりを変えていくものなのだ——と。

「たくさんの成瀬さんのような人、たくさんの私のような人間がここから現れ、次の世代に『オヤジ』と呼ばれる彼らが、今度は成瀬さんや僕を超えて、新たな世界を作り上げていってほしい。僕はこの活動に参加した彼らが、式年遷宮のように次の棟梁を育てていくことを期待しているんです」

「働く人が強くなった」といった言葉に触れるとき、「自分のなかに成瀬さんが入ったという気がする」という当時の豊田の言葉が自然と思い返される。彼は成瀬弘との出会いとその日々によって、自らの経営者としての根拠を得た。そして、成瀬のいない十年という歳月を今度は一人で歩み続けるなかで、それをより自分なりの経営スタイルに溶け込ませ、いま、「次世代」に何を残すべきかを考える場所にたどり着いたように見える。

BMW
TOYOTA
TOYOTA
A.TOYODA

解説

重松清（作家）

師弟の物語である。

その大枠は、本文に先立って掲げられたエピグラフで示されている。

〈これは世界最大の自動車メーカーの／開発現場に立ち続けたテストドライバーと、／その後ろ姿を追い、今は社長の座に就いた男が、／長年にわたって築き上げた師弟の物語である〉

簡にして要を得た記述である。本作を読了している人は大きくうなずいてくれるだろう。

解説の小文から先に読む流儀の人のために、もう少し付け加えておくと――。

弟子は、トヨタ自動車の創業家の三代目にして、現在は社長を務める豊田章男氏である。

一方、師匠は、同社のテストドライバーとして長年にわたって開発に携わってきた故・成瀬弘氏。

絵に描いたような、御曹司《おんぞうし》と現場の叩き上げという組み合わせである。小説や映画やドラマでお馴染みの、ミスマッチな凸凹コンビが織りなす相棒モノのように――いや、創作の世界であれば、かえって「極端すぎる」「おとぎ話じゃないんだから」とボツになってしまうかもしれない。

しかし、本作はノンフィクションである。まさに、事実は小説より奇なり。そして、実際に起きてしまった出来事は、時として、つくりものの物語をはるかに凌《しの》ぐドラマティックな展開を見せる。成瀬氏と豊田社長もそうだった。師弟の悲劇的な別れや、のこされた弟子が「自立」する姿など、これまた創作では「できすぎだろう」という誹《そし》りを受けてしまいかねないのだが、繰り返し念を押しておく、これは紛《まご》うかたなき事実の物語なのである。

だからこそ僕たちは、世界に名だたる大企業の舞台裏で、経営の中枢と現場の最前線との間にこんなにも人間味あふれる関係が成立していたのか、と驚かされる。感動もする。そして、その師弟関係が、思いがけないトラブルに見舞われたトヨタを存亡の危機から救う底力を生んでいたことに――まるで自分が孫弟子になったかのように、胸が熱くなるのである。

ならば、成瀬氏は豊田社長になにを教えたのか。師弟物語というからには、師匠から弟子へと伝えられたものがなければならない。

直截には、この言葉が答えになるだろう。

〈月に一度でもいい、もしその気があるなら、俺が運転を教えるよ〉

だが、もちろん、師匠が弟子に伝えたものが運転のテクニックだけであるはずがない。ニュルブルクリンク二四時間耐久レースへの参加を勧めたことも、その後の弟子の歩みに大きな影響を与えた。しかし、師がのこした教えの真髄は、柄がさらにもう一回りも二回りも大きなものだった。それはいったい、なんだったのか——。

その問いに導かれて、僕たちは本書を読み進めることになる。


宇宙飛行士から東日本大震災、さらには一九六四年の東京パラリンピックまで、多岐にわたるノンフィクション作品を手がけている稲泉連さんのスタイルには、一つの大きな特徴がある。

なぜ自分がこのテーマや題材に挑むのか。なぜこの人の話を聞きたいと思ったのか。その理由や動機を、稲泉さんは、時として律儀すぎるほど詳細に、かつ率直に明示する。いわば登山口を読者に見せる。この山にどこから入り、どうやって登ったかの装備やルートを公開する。そうすることで、山頂からの眺望、すなわち一作のノンフィクション作品を読み終えたときに読者の胸に残るものに、強い説得力を与えるのだ。

本作も例外ではない。もっとも、時代や世代に根差した、つまり「いままでなければ」「一九七九年生まれの自分でなければ」という強い動機付けの多い稲泉ノンフィクションにあって、本作の登山口は、ずいぶん標高の低いところに置かれている。そもそもの始まりは、二〇一〇年六月、成瀬氏の不慮の死を報じる新聞記事を目にしたこと――偶然なのである。

訃報に記された、ごく短い一節〈豊田章男社長は、成瀬氏を運転の「師」と仰いでいた〉に、稲泉さんは興味を惹かれた。また、成瀬氏が六十七歳という年齢で現役のテストドライバーだったこと、さらにはテストドライバーという職業そのものへの関心もあいまって、取材を始めた。

決してなにか大きなテーマを持って動きだしたわけではない。鉱脈に突き当たりそうな予感があったとも思えない。きわめてシンプルな疑問や好奇心である。せっかちで浅慮な書き手なら、トヨタへの質問と回答の一往復で、とりあえずの結論を得て終わっていたかもしれない。

だが、稲泉さんの登山は、そこから（おそらくご本人も予想していなかったほど）長く続くものになった。

〈一年が経ち、二年が過ぎていくなかで、私は事故死したこの成瀬弘という存在が、トヨタという大企業のトップに立つ男にとって、あまりに大きなものであり続けていることに気づいていった。豊田家の御曹司として生まれた豊田章男、記事にもあるように「臨時工」として高度経済成長期にトヨタに入社した成瀬弘。あまりに遠いところにいたと思えるこの二人がいかにして交わり、そこに何が生まれたのかを知りたくなった〉

そこからさらに取材の旅は続いた。楽な登攀《とうはん》ルートではなかったはずだ。なにしろ二人の主役のうち片方はすでに亡くなっているのだし、もう片方はアポイントメントを取ることすら難しいトヨタの社長なのである。

生前すでに「伝説のドライバー」と呼ばれていた成瀬氏は、現役のまま亡くなったことも加えて、取材相手への稲泉さんの訊き方一つ、答えの受け取り方一つで、簡単に神格化されてしまう。トヨタの総帥・豊田社長についてのコメントを周辺取材で集めるときは、言わずもがなである。

ただし、逆に考えれば、「伝説のドライバーとトヨタのトップの、知られざる『師弟』秘話」――といった「美談」にまとめるなら、これほど収まりの良い構図はないだろう。登山に譬《たと》えるなら、途中の見晴らしのいい場所まで来ると、「このあたりでいいか」と、そこからの眺望を読者に見せて幕を引くわけだ。

しかし、稲泉さんはそれを潔しとしなかった。神格化することを厳しく自戒しつつ成瀬氏の周辺取材を続けて、一癖も二癖もある氏の肖像を描き出し、ねばり強い依頼のすえに豊田社長本人への取材を実現して、驚くほど率直で、しっかりと感情の溶け込んだ言葉の数々を引き出したのだ。

さらに——ここからは「こっちの苦労も知らないで」と稲泉さんに叱られるのを覚悟のうえで、外野から無責任なことを申し上げる。

本作の最大の幸運は、生前の成瀬氏に会うことが叶わず、豊田社長へのインタビュー実現も難航したことではなかったか。

本人に直接話を聞くというのは、「これはこうだった」「あれはああだった」と答え合わせをするようなものである。タネ明かしと言ってもいいかもしれない。もちろん本人が真実を語るかどうかは保証の限りではないにしても、少なくとも「本人は取材に応えて、そう言っていた」というエクスキューズは成立する。しかし、答えを得ることは、裏返せば、問いがそれ以上広がっていかず、深まってもいかないということでもある。しつこく登山に譬えるなら、ここが山頂だと決められてしまう。たとえ、雲で隠された先に、さらなる高みがひそんでいる気配があったとしても。

だが、稲泉さんは本人に話が聞けなかったからこそ、一九六三年にトヨタに入社した成瀬氏の生涯を、少年時代にさかのぼって丁寧に調べていった。豊田社長についても同様に、父親の章一郎氏、祖父の喜一郎氏、さらには曾祖父の佐吉氏からの豊田一族の足跡を丹念にたどった。

すると、面白いものが見えてきた。成瀬氏がトヨタで過ごした半世紀近い歳月は、そのまま日本におけるモータリゼーションの歴史であり、モータースポーツの歴史でもあったのだ。さらにはその視野をトヨタ全体の歴史へと広げることで、戦前からの「産業としてのクルマ」の有為転変のドラマも浮かび上がってきたのだ。

成瀬氏と豊田氏の師弟物語という「叙情」に、クルマと社会の関係という「叙事」の背骨がピンと通った。かくして、「トヨタの社長は、どうしてテストドライバーを『師』と仰いだのだろう」という素朴きわまりない興味から始まった取材は、単行本版で三百二十ページ近い長編ノンフィクションに結実したのだった。

僕は、ノンフィクションの醍醐味の一つは「育つ」ところにある、と考えている。スタート地点からすでに大所高所に立ち、「巨悪を斬る」「積年の謎に迫る」「歴史の闇を白日の下《もと》に曝《さら》す」という気概に満ちたノンフィクションも、もちろん必要だし、面白い。だが、ノンフィクションは、それだけではない。小さな好奇心や興味から始まった取材の旅が、思わぬ広がりや深まりを見せて、著者自身をも困惑させながら、いつのまにか大きな主題を持った長尺の作品になっている……それを僕は「育つノンフィクション」と呼んで、愛読しているのだ。

その意味で、本作はみごとな「育つノンフィクション」として仕上がった。

読み手が頁を繰りながら登っていったルートは、険しくはあっても、どこか親しみのあるものではなかっただろうか。トヨタという一つの企業、自動車という一つの産業を描きながら、トヨタとも自動車ともまったく無縁の読み手にも「ああ、なんか、わかるなあ」と思わせてくれなかっただろうか。

読了する。山頂に立つ。下界を見渡しながら、たとえば本作で紹介された成瀬氏のこんな言葉を思いだしてみようか。

〈クルマと会話をするんですよ。計算は間違っているか合っているかだけですからね。我々は会話をしながらモノをつくっていく。クルマは生き物なんですよ。計算だけではできない〉

あるいは、成瀬氏の同僚だったテストドライバーの言葉――。

〈(クルマの)運動性能というのは機械の数字だけで全てを語れないので、テストドライバーの感覚を信じてもらえなければ、「数値では問題ない」ですまされてしまう。/でも、クルマの「気持ち良さ」や「居心地の良さ」を感じる力は、人間のほうが機械よりも優れている〉

さらにこれはどうだ。豊田社長が稲泉さんに直接語った、社長就任当時の述懐である。

〈あの頃は売上を出している人が偉いんだ、株価を上げている人が偉いんだ、という方向にどんどんずれていっていたと思いますね。そのなかでは「いいクルマをつくろう」と言う人たちは評価されていませんでした。／ただね、トヨタにはいいクルマを地道につくりたいという思いを持っている現場の人たちが本当はたくさんいるんです。彼らが自信を持って発言できるようにしないといけない。僕はそう思った。彼らが数値目標を追求する人と同じように評価されることが、いまのトヨタには間違いなく必要だ、と〉

引用箇所に登場した〈クルマ〉は、細部の用語や言い回しを微調整するだけで、さまざまな言葉に置き換えることができるはずだ。

たとえば――。

いや、その前に。

山頂に立つと気づいたことがある。

どうやら本作は、ぽつんとそびえている独峰ではなく、山脈を成しているようだ。稲泉ノンフィクションの主題には、学生時代に取材を始めた『僕らが働く理由、働かない理由、働けない理由』から、その続編とも言うべき『仕事漂流』、東日本大震災の被災地に取材した『復興の書店』、さらには本作りの現場を多面的にルポした『「本をつくる」という仕事』をへて現在へと至る、「仕事」「働くこと」の大きな流れがある。

本作もまた、その流れに連なるのではないか。なぜなら、本作を読了して山の頂きに立っていると、くだんの作品群が驚くほど近くに見えるのだ。

だからこそ、本作のクルマにまつわる話は、『「本をつくる」という仕事』の、さまざまなフレーズとも響き合う。

製紙工場を取材する稲泉さんに、技術者はこう語る。書籍用紙は抄紙機という機械で抄《す》いてつくられるのだが、どんなに機械化されても心地よい紙づくりには職人の技が欠かせないのだという。

〈抄紙機の技術標準書には、書籍用紙のラインアップごとのつくり方、薬剤の配分量などが当然記されている。ところが、実際の工程では抄紙機の癖を知り抜いた職人が機械を繊細にコントロールしており、決められた数値通りに紙を作ってみても中川工場のものとは全く別のものになってしまうのだ。

「測定値の数値では良い結果が出ているのに、触ると柔らかさも強さも足りない。版元さんにとって重要なのは数値ではなく、触って「この紙いいね」と思えるかどうか」〉

いかがだろう。先ほど紹介した〈クルマ〉の話と、恐ろしいほど通底してはいないか。

あるいは、いまなお活版印刷を続ける小さな工房の店主は、活版が時代遅れのものとして切り捨てられながらも細々と生き延びていることについて、稲泉さんに語る。〈(活版印刷とは) 物質的な「手ごたえ」のあった世界だと僕は思うんです。印刷業ではその「手ごたえ」が効率化にとって邪魔なものだったので、どうにかしてなくそうとして努力を重ねてきた。いま、いよいよその世界が消えようとしてみれば今度は寂しいという話になって、活版で印刷物を刷りたいという人が現れ始めるのですから、世の中は変なものですよね〉

……いちいち引用して照合していったら、きりがない。要は、本作における〈クルマ〉の置かれた現状は、その他の工業製品と根っこの部分は変わらない、すなわち普遍的な問題なのだと確認していただきたかったのだ。

いや、それはモノづくりだけではない。本作には、巨額の費用を投じるモータースポーツの置かれた難しい立場も描かれているのだが、じつは宇宙開発でさえもそうなのだと、稲泉さんの『宇宙から帰ってきた日本人』には書いてある。

二〇一八年に国際宇宙ステーションに長期滞在した宇宙飛行士・金井宣茂氏は終始クールな姿勢で稲泉さんの取材に応えるのだ。

〈宇宙に行くのは当たり前、宇宙で何をしてきたかが厳しく問われる社会環境のなかで、宇宙飛行士として養成されたわけです。より厳しい言葉で言えば、「宇宙に行って遊んでいるんじゃないの」という声さえあるなかで、何のために六か月間も宇宙ス

テーションにいるのかという問いに、きちんと答えられるよう訓練をしてきた〉

金井氏は一九七六年生まれ——七九年生まれの稲泉さんと同世代と言っていい。学生時代に「就職氷河期」で、社会に出てからは「ロスジェネ」と呼ばれてきた稲泉さんの世代は、いやおうなしに「仕事」「働くこと」を意識せざるをえなかった。

それを思うと、「なぜ大企業の社長がテストドライバーを『師』と仰いだのだろう」という素朴な興味から始まった本作が、険しい登攀ルートをたどったすえに「モノをつくるとはなんであるか」という大きな主題を獲得するまでに育った理由——育たなければならなかった理由が、痛いほどに伝わってくる。

そして、その理由は、新型コロナ禍でさまざまなものの価値観が激しく揺さぶられている時代になって、いっそう重く響くのではないか。

本作は、いまの若い世代にとっては「オヤジ」「じいちゃん」の物語である。成瀬氏は一九四二年生まれで、豊田社長は一九五六年生まれ。昭和を駆け抜けたオヤジたちが平成を踏ん張って生きてきた記録でもある。稲泉さんの同世代やもっと若い世代は登場しない。

だが、僕は五十代後半の成瀬さんと四十そこそこの豊田社長の出会いから始まるオヤジたちの師弟物語を、若い人たちにこそ読んでいただきたいと思う。感想を聞きたい。彼らは、クルマというモノを仲立ちにしたこの物語をどう読み、なにを感じるだろう。

稲泉さんは『仕事漂流』の文庫版あとがきで、こう書いている。

〈それがどのような時代であろうと、社会で働き始めた若者が企業の中でいかにして自立していくか、どのように悩みながら自分の「働き方」＝生き方を獲得していくかという物語は、普遍的なものでもあると思う〉

データやサブスクの時代でも、モノをつくること、モノを愛することは、やっぱり面白くて、スゴい——。

そんな読後感を持ってくれたなら、成瀬氏は、曾孫にあたる弟子を持つことになるのかもしれない。

稲泉連の本
好評既刊

復興の書店

文庫版

感動ドキュメント「書店員たちの3.11」。被災地における書店の歩みを記録することで、ネット注文や電子書籍が一般化しつつある昨今の出版界における書店の存在意義、そして、紙の書籍の尊さを再発見していく。

アナザー1964 パラリンピック序章

単行本

列島が熱狂した1964年のもう一つの物語。五輪とともにパラリンピックが開かれることになったのは約1年前。障害者スポーツという概念すらなかった時代、傷痍軍人や脊損患者らは突如「選手」に仕立てられた——。

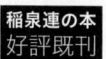

―本書のプロフィール―

本書は、二〇一六年三月に弊社より単行本として刊行された同名作品を改稿し、文庫化したものです。

小学館文庫

豊《とよ》田《だ》章《あき》男《お》が愛《あい》したテストドライバー

著者　稲《いな》泉《いずみ》連《れん》

二〇二一年四月十一日　初版第一刷発行

発行人　飯田昌宏
発行所　株式会社　小学館
〒一〇一-八〇〇一
東京都千代田区一ツ橋二-三-一
電話　編集〇三-三二三〇-五九五九
販売〇三-五二八一-三五五五
印刷所――――凸版印刷株式会社

この文庫の詳しい内容はインターネットで24時間ご覧になれます。
小学館公式ホームページ　https://www.shogakukan.co.jp

写真提供　トヨタ自動車（カバー、270頁、319頁）
International Sport Photo（153頁）

ISBN978-4-09-407009-5